Eerst Xi, dan geloven

Buitenstaander in het Middenrijk

Alexander Zwagerman

Eerst *Xi* dan geloven

Buitenstaander in het Middenrijk

Pharos

Colofon

CIP-gegevens Koninklijke Bibliotheek Den Haag
Zwagerman, A.J.
Eerst Xi, dan geloven / Alexander Zwagerman
Beilen: Pharos uitgevers
ISBN 978-90-79399-79-6
NUR 323
Trefw.: literaire essays
Eerste druk: 3 mei 2016

Druk- en bindwerk: Stronkhorst Boekbinders, Groningen
Vormgeving: ViaBertha, Utrecht
Foto omslag: Marco Bakker, Edam
Foto auteur: Simon Lu

Enkele van de in deze bundel gepubliceerde essays verschenen eerder in aangepaste vorm in het Financieele Dagblad, Nederlands Dagblad en in het Engels in Hong Kong Free Press, de Straits Times en de South China Morning Post.

Voor Arthur, mijn Chinese droom belichaamd

Voorwoord

Toen ik Alexander Zwagerman voor het eerst ontmoette, dacht ik dat hij een verdwaalde bankier was. Strak in het pak en met zijn haar in een nette scheiding paste hij precies in het kantoor tegenover ons tijdelijke pand in het financiële district van Hongkong. Het enige detail dat niet in het beeld paste was een iets te flamboyante das, maar misschien was hij een bankier met een licht rebelse inslag.

Al snel bleek dat hij toch bij ons, op de redactie van Hong Kong Free Press, aan het juiste adres was – en zijn taalgebruik in het Engels bleek even kleurrijk als zijn das. Zwagerman is een van onze medewerkers van het eerste uur en heeft ons geholpen met praktisch advies, fondsenwerfing en prikkelende opiniestukken. Het doet mij dan ook genoegen dat er nu een boek met stukken over China is in zijn moedertaal.

Zwagerman schrijft over de meest uiteenlopende onderwerpen, van Donald Trumps anti-China toespraken tot de Chinapolitiek van paus Franciscus.

Wat in elk stuk naar voren komt, is zijn liefde voor China, het Chinese volk, de Chinese taal en cultuur en China's lange geschiedenis met ups en downs.

Het politieke systeem in de Volksrepubliek is onvolmaakt, maar in het Westen ook vaak slecht begrepen. Zwagerman schrijft in de wetenschap dat hij niet alles weet en niet alles kan weten en dat maakt zijn inzichten niet minder maar juist meer waardevol. Zijn zoektocht naar interessante verhalen over China bracht hem in eerste instantie naar Hongkong, en hoewel hij het grootste deel van de tijd op het Chinese vasteland woont en werkt, is zijn literaire en journalistieke hart duidelijk bij ons in Hongkong gebleven.

De invloed van Beijing op de samenleving in Hongkong neemt ieder jaar toe en als gevolg van Beijings intolerantie zijn de traditionele vrijheden van de stad aan erosie onderhevig. Hong Kong Free Press is de enige onpartijdige Engelstalige nieuwsbron in Hongkong.

Ik wil u als lezer bedanken dat u dit boek heeft aangeschaft. Daarmee geeft u steun aan een oude Nederlandse traditie. In de wereldgeschiedenis staat Nederland bekend als een toevluchtsoord voor mensen met een afwijkende mening, van de Spaanse Spinoza tot de Engelse Pelgrimvaders. Door de aanschaf van deze bundel steunt u de persvrijheid en vrijheid van meningsuiting, waarden die uw voorouders reeds koesterden en waar we hier in Hongkong iedere dag voor vechten.

Het is niet voor niets dat deze bundel het licht ziet op 3 mei, de Internationale Dag van de Persvrijheid.

Tom Grundy
hoofdredacteur en oprichter Hong Kong Free Press

Verkoop jezelf niet te goedkoop

In de barre winter van 2009, mijn eerste winter in het noordoosten van China, werd ik uitgenodigd door een vriend van een vriend om een voorstel te bespreken dat voor ons allebei winstgevend zou zijn. Nou ben ik van mening dat handel uiteindelijk altijd winst zou moeten opleveren voor beide partijen, maar als iemand aan de telefoon benadrukt dat het een absolute winstmaker zal zijn voor ons allebei, ben je toch een beetje op je hoede. In het Chinees zeggen we dat een idioot en zijn geld nooit lang bij elkaar blijven. In Nederland had ik nogal wat dingen gedaan die mij tot zo'n spreekwoordelijke idioot maken, dus ik was voorzichtig en terughoudend. Mijn werkgever had niet genoeg college-uren beschikbaar om mij een volle lestaak te geven en hij raadde me aan om privélessen te gaan geven. Dit is een enorme industrie in China, waar iedere leerling in het buitenland wil studeren en daarvoor allerlei internationale examens moet voorbereiden, waarvoor een discipline is vereist die grenst aan fanatisme. Maar, zei de decaan van de faculteit: 'Sommige werkgevers zijn alleen maar op zoek naar een blank gezicht als uithangbord voor hun organisatie. Verkoop jezelf niet te goedkoop aan zomaar iedereen.'

Met het beste advies dat iemand ooit aan een prostituee heeft gegeven in mijn achterhoofd was ik voorzichtig in mijn contact met de vriend van een vriend. Eerst werd ik voorgesteld aan drie verschillende mannen die zich al aan het indrinken waren voor een lange 'vergadering'. In die tijd had ik nog niet zoveel ervaring met *baijiu*, de ondrinkbare sterke drank die een vast onderdeel is van sociale gelegenheden in China. Tegenwoordig neem ik naar alle gelegenheden een fles rode wijn mee en als goede gast sta ik erop dat we eerst mijn drank drinken. De Chinezen zijn erg onder de indruk van mijn vrijgevigheid, maar uiteraard is het allemaal eigenbelang en ter bescherming van mijn lever.

Al snel werd het me duidelijk dat ik deze avond niet te weten zou komen wat ze precies van me wilden. Eerst moesten we drinken, daarna wat eten, nog meer drinken en daarna naar een karaokebar, wat we in China een KTV noemen, waar we uiteraard nog meer zouden gaan drinken. En daar, in een privékamer in de KTV, kwamen de schaars geklede giechelende meisjes. Drank en seks horen bij het Chinese ritueel rond zakenrelaties. Het is minder geworden vanwege de economische neergang en de anti-corruptiecampagne van president Xi, maar volgens mijn geheel subjectieve maar welingelichte bronnen nog steeds alom tegenwoordig. Voordat ik deze mannen kon vertrouwen, zou ik ze naakt kunnen zien – en zij mij. Mijn lelieblanke en onschuldige gezicht zorgden ervoor dat ik met niet al teveel gezichtsverlies de seks over kon slaan. Ik denk dat de grapjes over mijn vermoede homoseksualiteit uiteindelijk een gerucht in de lokale zakenwereld hebben geholpen dat ik absoluut waardeloos ben in een goede orgie. Ruim een jaar later nam ik mijn geliefde mee naar een feestje, waar ik vervolgens een zakenrelatie tegen het lijf liep. Hij was heel charmant toen hij zich voorstelde aan de mooie dame aan mijn zijde en toen ze even weg was, zei hij in het Engels tegen mij dat ze 'een hele mooie baard was'. Ik begreep niet wat hij bedoelde en na enige verwarring over en weer fluisterde hij: 'een baard, een mooie vrouw, om je homoseksualiteit te verbergen?' Hij spreidde zijn handen. 'Ik ken het begrip van TV. Ik ben zelf niet homo, hoor. Maar ik heb er geen probleem mee dat jij het bent.' Het meest bizarre van dit gesprek was dat deze jongeman niet eens bij die bewuste ongemakkelijke avond was geweest.

Twee dagen nadat ik met een slap excuus onder de seks uit was gekomen, kreeg ik een telefoontje van een vriend van de vriend van de vriend. Ik was een betrouwbare man, zo had hij gehoord, hoewel soms een beetje ‘saai op feestjes’. Nu kwam er eindelijk een voorstel waar iedereen met winst uit zou komen. Zijn oom had een fabriek voor auto-onderdelen. Hij had een veiligheidscertificaat van de overheid. ‘Absoluut, gegarandeerd veilig,’ zei de neef. ‘Maar het is toch beter als we een Duitse veiligheidsinspecteur hebben.’ Ik vertelde hem dat ik niet veel Duitsers in de stad kende, laat staan veiligheidsinspecteurs. ‘Nee, nee. Jij. Je hebt toch een mooi pak? Je hoeft niet eens Duits te spreken. Gewoon foto’s met mijn oom en wat belangrijke mensen, bij de ingang van de fabriek en naast een certificaat in de hal van de fabriek. Het is niet illegaal, hoor!’ Dat laatste betwijfelde ik, maar aangezien mijn naam niet gebruikt zou worden en ik een flink bedrag in een bruine envelop zou krijgen voor mijn ‘Duitse’ uiterlijk, durfde ik geen nee te zeggen. Ik had immers met mannen in de privékamer van een KTV gezeten, omringd door meisjes die, tegen de tijd dat ik dronken en ‘homoseksueel’ richting taxi’s schommelde en struikelde, nauwelijks meer iets aan hadden. Plotseling begreep ik de waarde van een orgie met ‘zakenvrienden’, de waarde van gedeelde schaamte en collectieve schuld.

De fabriek staat er nog en is in de afgelopen jaren van eigenaar gewisseld. Mijn foto hangt niet meer in de lobby. Wel zag ik er onlangs nog een vitrinekast met daarin allerlei prijzen die de fabriek heeft gewonnen voor veiligheid, snelle levering, goede communicatie en zelfs eentje voor de vriendelijkste receptionistes. Ik heb geen idee wat de receptionistes hebben moeten doen voor die laatste bokaal, maar mijn eigen ervaringen met die winteravond in 2009 maken me erg cynisch over deze 'prijzen'.

Prostitutie is tegen de Chinese wet, maar alom tegenwoordig. Twee Chinese sociologen, Huang Yingying en Pan Suiming, hebben in een wetenschappelijk artikel de verschillende lagen van de prostitutie uitgewerkt. Onderaan hangen de 'fabrieksmeisjes', het Chinese equivalent van de hoeren die hun diensten op straat aanbieden. Met zoveel mannen die als interne gastarbeiders niet bij hun vrouw en kinderen wonen, hebben de fabrieksmeisjes veel werk, maar relatief weinig inkomsten en nauwelijks een veilig bestaan. Veel pooiers werken officieel als taxichauffeur of straatverkoper en kunnen zo goed zicht houden op hun handel. Meisjes in kleine massagesalons en kapsalons zijn beter af, maar nog steeds in een penibele situatie. Ze zijn meestal afkomstig van het platteland en naar de stad gekomen met veel dromen van een beter bestaan. Ze gaan allemaal rond Chinees Nieuwjaar in hun meest kuise kleding terug naar hun geboortedorp en ik ben er twee tegengekomen in een overvolle trein. Met hun gebrekkige Engels en mijn toen nog veel gebrekkigere

Chinees hebben we ruim een uur zitten praten op mijn 'bed', een ligbank in de trein die duurder is dan de meeste stoelen, maar waar ik met mijn lengte niet eens half op kon zitten. Ze hadden kaartjes waarmee ze alleen maar mochten staan en toen ik mijn lange benen ging strekken bood ik ze mijn bed aan.

Aangezien een van hen dacht dat ik seks van haar wilde in ruil voor mijn bed ontstond er een zeer merkwaardig, maar leerzaam gesprek. Ze kwamen allebei uit Shandong, de plattelandsprovincie nabij Beijing en waren via Beijing in het noordoosten van China beland, 'waar veel mannen… alleen wonen… en massage nodig hebben'. Ling, een knap meisje van 22, met roodbruin geverfd haar en grote, natte ogen, kon mij het meest vertellen. Xiaomei, haar 19-jarige collega, was verlegen en slaperig maar wist me uit te leggen dat ze nog nooit een blanke klant had gehad, hoewel wel een keer een Indiër. Of was het een Turk? In ieder geval rook hij vreemd en was hij niet… groter… dan de gemiddelde Chinees. Toen Xiaomei lag te slapen vroeg ik aan Ling wat hun beider ouders vinden van hun werk. Natuurlijk wisten hun ouders niets van hun werk, maar met haar hoofd wijzend op het slapende meisje op haar schoot, zei ze: 'Ik denk dat haar ouders het wel vermoeden, want ze heeft veel te dure cadeaus voor haar broertje gekocht.' Lings ouders leefden in de veronderstelling dat Ling op een kantoor werkt en een vriend heeft. 'Het zal binnenkort te moeilijk worden om uit te leggen waarom ik niet met mijn vriend ga trouwen.' De fictieve vriend zou haar waarschijnlijk volgend jaar moeten verlaten. 'Of het jaar daarop. Of misschien vertel ik dat hij in het leger gaat of zo.' Als iemand met een levendige en een op mijzelf betrokken fantasie, begreep ik heel goed hoe Ling het vol kon houden. Ik had opeens medelijden met haar, onze neiging om te liegen verbond ons.

De onderkant van de piramide is deprimerend, maar de rijkdom en leegte van de top is misschien nog wel het meest trieste element van de prostitutie in China, want dit zijn de maîtresses, in het Chinees *ernai*, wat letterlijk 'een tweede borst' betekent. Een Chinese advocaat die wealth- managementproducten beheert voor rijke cliënten wist uit te leggen hoe ik een ernai moest zien: 'Je moet rijk zijn om een privétoilet te kunnen betalen. Niemand anders mag het privétoilet gebruiken. En je zorgt ook beter voor je privétoilet dan voor het toilet dat je deelt met familie of collega's. Aan de andere kant kan je natuurlijk nooit je privétoilet constant in de gaten houden en het spreekt voor zich dat je zelf ook gewoon elders naar het toilet kunt gaan.'

In Beijing zijn hele flatgebouwen met alleenstaande jonge vrouwen onderdeel van de ernai-cultuur. In de wilde jaren van enorme economische groei en een relatief lakse overheid waren de ernai welkom op feestjes en recepties, met of zonder hun suikeroom, maar ook in dit opzicht is het tijdperk Xi er eentje van waarden en normen. Het feit dat een Hongkonger die een boek wilde schrijven over het liefdesleven van de president zelfs in Thailand moest worden gekidnapt, zegt al genoeg. En dat hij op de staatstelevisie heeft 'bekend' dat hij zichzelf naar China heeft gesmokkeld vanwege een auto-ongeluk waar hij elf jaar geleden bij betrokken was, geeft aan dat de regering zonder schroom het sprookje volhoudt dat alles in China deugdelijk en volgens de wet gebeurt.

De opkomst van Xi Jinping heeft veel mensen het leven zuur gemaakt, maar de ernai is niet de eerste groep waar je aan denkt. Corrupte partijleiders, wellicht. Mensenrechtenadvocaten, uiteraard. Journalisten, zeker. Maar denk ook eens een keertje aan die arme meisjes in hun luxeappartementen, die steeds ouder worden en hun marktwaarde omlaag zien gaan, maar niets kunnen doen om hun diensten te verkopen. Misschien is de suikeroom opgepakt in de anti-corruptiestrijd. Of vanwege diezelfde campagne naar het buitenland gevlucht, met zijn echtgenote, maar zonder zijn tweede borst. Het kan zijn dat hij het in de huidige omstandigheden te gevaarlijk vindt om haar nog te bezoeken en haar zakgeld te geven. Verschillende leiders van de Partij die in de strijd tegen de corruptie zijn gevallen, bleken volgens de onvermijdelijke onthullingen in de staatsmedia na hun arrestatie niet alleen miljoenen te hebben gestolen, maar ook een maîtresse (of meer) te hebben gehad. Arme tweede borsten!

In 2011 had ik een gesprek met een studente die een paar weken lang afwezig was geweest en dus mijn colleges had gemist. Het gesprek liep uit en ik vroeg haar of ze met me wilde eten tijdens de middagpauze. Ik vermoed dat dit op een Nederlandse universiteit ook nog steeds gebeurt, maar dat er daar een sociaal mijnenveld ligt dat in China nog niet door allerlei goedbedoelende bemoeials is neergelegd. Na te hebben gepraat over hoe prachtig ik China vind (verplicht), hoe goed onze universiteit is (aanbevolen) en dat het eigenlijk helemaal niet zo moeilijk voor me is om ver weg van mijn familie te wonen (verrassend detail), bleek dat het meisje niet weg was geweest vanwege een ziekte, zoals ze me eerder had verteld, maar omdat haar vriendje van zijn ouders had gehoord dat zij niet goed genoeg was voor hem. Ze was mooi, slim en had gevoel voor humor, maar ik begreep dat 'niet goed genoeg' betekende dat ze niet genoeg *guangxi*, of netwerk mee zou nemen in een eventueel huwelijk. Er was niets mis met haar; haar familie was niet belangrijk genoeg. 'Maar hij bood aan om een flatje voor mij te kopen en mij te onderhouden, als zijn maîtresse.' Dat was een verrassende mededeling. Mijn eerste reactie was om haar te zeggen het niet te doen, maar was dat wat ze verwachtte? Het was immers niet een normaal gesprek, ze leek het mij te vertellen om mijn advies te krijgen. Misschien moest ik haar dat eerste advies over mijn eigen bijbaantjes geven: verkoop jezelf niet te goedkoop en aan zomaar iedereen, meisje. Na wat moeilijke vragen begreep ik dat ze het zelf niet wilde, dus ik kon veilig mijn eigen advies geven. Ik weet niet hoe het uiteindelijk met haar is afgelopen. Ze heeft ook het laatste examen gemist, maar heeft toch op een of andere manier een diploma gekregen. Misschien dat ook daar ergens in de gangen van de universiteit een bruine envelop van eigenaar is gewisseld. Of misschien is ze toch op zijn aanbod ingegaan en heeft haar jonge suikeroom een vriend van een vriend gebeld om iets te ritselen.

Onder de ernai, maar boven de plattelandsmeisjes in de massage- of kapsalons, staan de KTV 'hostesses'. Dit soort meisjes mocht ik aanschouwen op die ongemakkelijke avond in 2009, toen er nog helemaal geen sprake was van een anti-corruptiecampagne. Voor hele sectoren was 2009 een topjaar, want een enorm economisch overheidsprogramma om de financiële crisis het hoofd te bieden, had de sluizen van gemakkelijk krediet opengegooid. Allerlei tussenfiguren en mensen in de 'hospitality'-sector konden veel van dit nieuwe geld opstrijken. Een simpele buitenlandse docent op een middelmatige universiteit kon er nauwelijks een graantje van meepikken, laat staan dat ik in mijn leven veel merkte van het feest, maar ook hier waren het de 'vrienden van vrienden' die me inzicht konden geven in een schemerige wereld. Een van de vreemdste bijbaantjes in mijn loopbaan kwam namelijk via een van hen: Engelse conversatieles voor een vijftal bloedmooie meiden die in een dure KTV werkten. 'Sommige mensen nemen nu hun buitenlandse gasten mee naar de KTV,' vertelde een nieuwe vriend van een vriend. 'En voor de man die betaalt, is het een teken van kwaliteit als meisjes een beetje Engels kunnen spreken. Het is belangrijk dat deze KTV kwaliteit uitstraalt, en gastvrijheid. Veel mannen die in groepen komen, willen later een privégesprek met een van de meisjes.' Wie ben ik om ook maar iets van deze woorden in twijfel trekken als de klant betaalt en ik met vijf mooie meiden mag zitten praten?

Antropoloog John Osburg beschrijft in zijn boek *Anxious Wealth* de nieuwe rijken in Chengdu, een zich snel ontwikkelende stad in Sichuan. Het beeld dat hij schetst van de feestjes van mannen die elkaar nodig hebben voor zaken, soms verward en extra benadrukt in familierelaties en netwerken van patronage en eerbewijzen, is niet erg rooskleurig. Als ik zijn boek en de gesprekken met mijn vijf studentes mag geloven, dan lijken de meeste feestjes in de KTV op puberpartijtjes met sterke drank en hoeren. Slechts een van de KTV meisjes gaf ronduit toe dat hun werk seksueel van aard is. Ze zaten allemaal rond een grote tafel met veel schalen eten, waar ze nauwelijks iets van namen. Hun Engels was nog steeds belabberd, maar het eten vond ik persoonlijk prima. Het meisje dat het beste Engels sprak, was ook degene die er het eerlijkst over praatte, en ik weet zeker dat die twee dingen met elkaar verbonden zijn. Een goede avond voor haar was als ze de groep mannen een beetje uit elkaar wisten te krijgen. 'Heb je er eentje zonder z'n vrienden, dan is er geen druk en wordt je nooit afgebekt. Soms zijn ze te dronken om iets te doen.' Ze pakte een stukje tofu tussen haar stokjes, en bewoog de puddingachtige substantie een beetje heen en weer. 'Zoiets als dit.' Alle meisjes lachten. 'En dan toch betaald worden, want anders zien zijn vrienden na afloop dat hij niets heeft klaargespeeld.' Ze nam een hap tofu en de meisjes lachten luider. Ja, dat lijken mij ook goede avonden.

De favoriete filosoof van Xi Jinping

Toen Thomas Hobbes de verschrikkingen van de Engelse burgeroorlog had gezien en in ballingschap het regime van Oliver Cromwell de koninklijke staat zag afbreken in een kortstondig puriteins-republikeins experiment, schreef hij de eerste outline voor wat later zijn belangrijkste werk op het gebied van de politieke filosofie zou worden: *Leviathan*. Op de titelpagina van de eerste druk van *Leviathan* vorm allemaal kleine mensen samen de armen en borst van een boven de wereld uit torende koning. Zelden heb ik een politieke filosofie in een simpele gravure zien samengevat. De koning is overheersend en de piepkleine burger is een radertje in het systeem, ondergeschikt. Maar de koning zelf is ook opgemaakt uit mensjes, want zonder onderdanen geen koning. Eeuwen eerder dan Hobbes overzag de Chinese aristocraat Han Fei de verschrikkingen van een Chinese burgeroorlog, de periode van de Strijdende Staten. Hij zag ook hoe de oude koninklijke staat was afgebroken, die van de Zhou, niet in een republikeins experiment, maar in de talloze kleine strijdende koninkrijken die de periode haar naam geven. Ook hij schreef een werk dat, net als *Leviathan* van Hobbes, een enthousiast betoog voor autocratisch bestuur werd. We kennen het nu simpelweg als de *Han Feizi*, het werk van Meester Han Fei. Zowel letterlijk als figuurlijk een meesterwerk. En graag geciteerd door de Chinese President, Xi Jinping.

Han Fei werd rond 280 voor de huidige jaartelling geboren in een adellijke familie. Zijn denkbeelden werden later zo invloedrijk dat hij het achtervoegsel 'zi' kreeg, voor 'meester': Han Feizi; net als Kongzi voor Confucius and Laozi voor de mythische filosoof Lao. Hij leefde in een periode van grote sociale en politieke veranderingen en zocht een methode om orde te scheppen in de bloedige anarchie van zijn tijd. Han Fei was een adviseur van zijn neef, de koning van Han, een van de koninkrijken in een deel van China van wat we nu het tijdperk van de Strijdende Staten noemen. Toen de neef duidelijk niet naar zijn gesproken advies wilde luisteren, besloot Han Fei het op te schrijven. Het resultaat is een werk van 55 hoofdstukken dat we nu kennen als de Han Feizi. Het niet alleen een belangrijk – en nog best leesbaar – werk dat nog relevant is voor de filosofie, maar ook een belangrijk historisch werk, het bevat namelijk anekdotes over de Strijdende-Statenperiode die nergens anders meer bewaard zijn gebleven.

Han Fei werd in de nadagen van zijn loopbaan door zijn neef naar het hof van Qin gestuurd als diplomaat. Toen de twee koninkrijken met elkaar de strijd aangingen werd de filosoof-diplomaat door de Qin gevangen genomen. Het is de ironie van het lot dat de eerste Keizer van China, de Qin-koning die alle andere strijdende staten wist te verslaan, veel van de filosofie van de gevangen Han Fei zou overnemen. De Qin-dynastie was overigens van korte duur, maar haar roem leeft voort in de naam die de meeste landen gebruiken voor het land: Qin-land, China. De Chinezen zelf noemen hun land Zhong Guo: het Middenrijk – midden in de wereld, midden in de geschiedenis, het eeuwige middelpunt. Dit middenrijk, China, moest volgens Han Fei met sterke hand geregeerd worden. En de leider moest behendig gebruik maken van drie centrale begrippen: autoriteit (勢, *shi*), machtscompetentie (術, *shu*), en de wet (法, *fa*).

Volgens Han Fei was het de verantwoordelijkheid van de heerser om wetten af te kondigen die zijn autoriteit vergrootten of onderstreepten en die het competent regeren van het rijk mogelijk maakten, de drie begrippen waren dus nauw met elkaar verbonden. De Chinese school van het legalisme, waarvan Meester Han een van de belangrijkste filosofen was, ging ervan uit dat iedereen psychologisch hetzelfde in elkaar zat:

mensen vermijden straf en proberen zoveel mogelijk voordeel te halen uit iedere situatie. Vanwege dit principe moest de wet een duidelijke beloning geven aan hen die haar navolgen en streng worden toegepast op overtreders, met harde en publiek uitgevoerde straffen.

Zelfs iemand die de huidige Chinese politiek vanaf de zijlijn volgt, kan zien in hoeverre president Xi beïnvloed is door deze denkbeelden. Tijdens de regeerperiodes van zijn twee voorgangers, Jiang Zemin en Hu Jintao, werden veel van de strenge communistische wetten versoepeld en waren op televisie uitgezonden bekentenissen van dissidenten een uitzondering. Sinds 2012 heeft president Xi wetten aangescherpt en nieuwe, repressieve, wetten ingevoerd en de staatstelevisie zendt met regelmaat een bekentenis uit, van een boekhandelaar in Hongkong die over Xi's liefdesleven zou hebben geschreven, van een zestienjarig meisje dat met de vlag van Taiwan heeft gezwaaid, van een Zweed die een stichting leidde die 'de Chinese staat ondermijnde'.

Maar tegelijkertijd heeft president Xi de grondwet van de Volksrepubliek opnieuw op een sokkel gezet. Nieuwe communistische ambtenaren moeten nu trouw zweren aan de grondwet. Het regeren van China moet volgens de huidige machthebber op basis van de wet worden gedaan. Zijn partijideologen noemden het nieuwe China in november 2014 'een Socialistische Rechtsstaat met Chinese Karakteristieken'. Het woord rechtsstaat is een vertaling van 法治, *fazhi*, de karakters voor 'wet' of 'recht' en het werkwoord 'regeren'. De manier waarop wij onze rechtsstaat definiëren en de interpretatie van 'fazhi' van de Chinese Communistsche Partij liggen ver uit elkaar. Je moet Han Fei begrijpen om Xi Jinping te verstaan. De wet is een instrument voor de autoriteit van de Partij en een garantie voor het competent regeren van het Middenrijk. Het geeft geen 'rechten' die de Partij niet toe wil of kan staan.

Het hele begrip van 'fazhi' komt uit de school van het legalisme en is wellicht een begrip dat Han Fei zelf voor het eerst heeft gebruikt. In de Han Feizi werkt hij het begrip in ieder geval in veel detail uit. Anders dan de volgelingen van Confucius, die veel nadruk legden op moraliteit, zijn wetten niet per definitie moreel goed of slecht voor een legalist. Han Fei beschrijft hoe een zwakke heerser slechte wetten invoert die vervolgens niet worden nageleefd door de bevolking. Een sterke heerser gebruikt de wet om zowel zijn autoriteit te vergroten als het regeren te vergemakkelijken. Draconische wetten zijn soms – en voor Han Fei zelfs vaak – te verkiezen boven wetgeving die genadig en vrijzinnig is. Tijdens de vergadering van de Communistische Partij in het najaar van 2014 stond 依法治国, *yi fazhi guo*, of het regeren van het land volgens de wet, hoog op de agenda. De wetsvoorstellen die tijdens die vergadering werden besproken, waren in het geheel niet vrijzinnig te noemen. Instituten en organisaties die niet verbonden zijn aan de Partij werden verder aan banden gelegd. Buitenlandse stichtingen konden niet langer zonder een Chinese partner en toestemming van de overheid hun werk doen. De staatsmedia, altijd al een trouwe megafoon van de Partij, werden verder aan banden gelegd. De Partij onder Xi Jinping is duidelijk niet bezig met het opbouwen van de rechtsstaat, maar met een Chinese versie van de Leviathan.

Het tijdperk in de Chinese geschiedenis voorafgaand aan die van de Strijdende Staten is die van de Lente en Herfst, de tijd waarin Confucius leefde. Het is moeilijk te zeggen wanneer de ene periode overgaat in de andere. Veel belangrijker om het werk van Han Fei te begrijpen, is te kijken naar de politieke en sociale veranderingen van het tijdperk van de Lente en Herfst en die van de Strijdende Staten. De eerste veranderingen beginnen met de geleidelijke afbraak van het feodale leenstelsel. Boeren betaalden hun landeigenaar vroeger in de vorm van arbeid, nu werd er belasting geheven, eerst in de vorm van landbouwproducten en later in de vorm van zilver. De band tussen heer en onderdaan was voorgoed veranderd. In sommige strijdende staten konden boeren land kopen en verkopen, voor zover ik weet was China de eerste staat met deze moderne 'eigendomsrechten' en het is op zijn minst ironisch dat al het land in China officieel in de handen is van 'het volk' en dus van de Partij. Met belastingen kwamen de bureaucraten, een nieuwe klasse bestuurders die nooit meer uit de Chinese geschiedenis zal verdwijnen. De staten die zich tijdens de Lente en Herfst begonnen af te scheiden van het Zhou-koninkrijk werden door de aristocraten onderverdeeld in gemakkelijk te besturen regio's en met de overgang naar het tijdperk van de Strijdende Staten werden de boeren niet alleen de basis van het nieuwe belastingstelsel, maar leverden ze ook de mankracht die nodig was voor de permanente militaire campagnes tegen de andere Strijdende Staten.

Confucius was niet onder de indruk van de afbraak van het leenstelsel en hij overleefde de overgang naar het tijdperk van de Strijdende Staten niet om te zien hoe de opvolgers van de Zhou zich in het geweld zouden storten. Het confucianisme is, in de kern, een conservatieve ideologie. Conservatieven overal ter wereld zien in de moderne maatschappij moreel verval en bestuurlijke willekeur. Vroeger was immers alles beter. Confucius geloofde in een herstel van de band tussen heer en onderdaan en zag de familie als een microkosmos van die relatie, waarin kinderen de onderdanen zijn van hun vader. De volgelingen van Confucius zouden uiteindelijk hun plaats vinden in de nieuwe klasse van bureaucraten en in de vele adviseurs van nobele en later koninklijke heersers van een lange tijd gefragmenteerd China.

Net als andere mannen van adellijke komaf voelde Han Fei zich in eerste instantie aangetrokken tot het confucianisme. Voor de elite is het altijd fijn om te horen dat er een natuurlijke orde is, een duidelijk verschil is tussen mensen, en dat onderdanen loyaal moeten zijn naar hun landeigenaar. Maar de tijden waren veranderd. Tijdens het leven van Confucius kon men nog hopen op een herstel van de Zhou, tijdens het tijdperk van de Strijdende Staten was dat niet langer het geval. Zelfs een meer pragmatische, of pessimistischere vorm van confucianisme was voor Han Fei niet voldoende om de uitdagingen van de moderne tijd het hoofd te bieden. Waar het confucianisme de klassieke deugden propageerde en een goede heerser uiteindelijk een moreel hoogstaand mens moest zijn, was voor Han Fei de heerser iemand die zijn macht gebruikte en zijn methoden aanpaste naargelang de nieuwe militaire of politieke omstandigheden. Confucius zag de loyaliteit van zoon naar vader als de centrale deugd, maar Han Fei vond dat loyaliteit naar de staat toe belangrijker was, want 'een soldaat die het front verlaat om voor zijn zieke vader te zorgen is een verrader die ter dood moet worden gebracht'. Voor het confucianisme waren het de deugden die een heerser macht gaven en iemand zonder morele deugden verloor de autoriteit van het koningschap, maar voor Han Fei was het morele karakter van de heerser niet van belang, zijn politieke instinct en autoriteit waren de enige gronden waarop hij kon heersen. Hier is niet alleen een Chinese Thomas Hobbes aan het nadenken over macht, maar ook een Chinese Machiavelli.

Han Fei was geen voorstander van het arbitrair gebruiken van militaire macht, tegen de eigen bevolking of de buurlanden, ondanks zijn spierballentaal. Hij geloofde in de wet, meer dan in de mens. De heerser heerst idealiter door wetten die iedereen moet naleven. Een intelligente heerser gebruikt ook de wet om de beste mensen te selecteren voor posities van macht, niet zijn eigen familieleden of politieke vrienden. Die bureaucraten moeten vervolgens beloond of bestraft worden naargelang hun prestaties en geheel volgens de wet; dat geldt voor alle onderdanen en telt extra zwaar voor hen die boven de rest verheven worden. 'Goed' en 'slecht' gedrag van de onderdanen is in dit systeem gedrag dat goed of slecht is voor de heerser, de woorden hebben geen morele betekenis. Han Fei was zich duidelijk bewust van het feit dat heerser en onderdanen niet hetzelfde willen: 'De belangen van de heerser zijn zelden direct de belangen van de onderdanen; de heerser en de onderdaan voeren honderd veldslagen per dag.'

De wet is de enige objectieve manier om orde te scheppen in de chaos en de heerser kan niemand vertrouwen, zeker niet tijdens de beginperiode van zijn heerschappij, als zijn 'shi' nog niet bewezen is en zijn 'shu' nog onderontwikkeld. De heerser moet in deze periode iedereen vermijden die hem constant prijst, niemand teveel invloed geven en constant waakzaam zijn voor complotten. Pas als zijn positie sterk is, kan de heerser andere, zwakkere heersers onderwerpen aan zijn 'shi', door middel van militaire campagnes tegen buurlanden. De enige 'eerlijke buitenlandpolitiek' voor Han Fei was oorlog of het dreigen met een militair conflict. Als je dit leest door de bril van de geschiedenis – en hoe kan je die bril ooit helemaal afzetten – dan is dit niet Thomas Hobbes en niet eens Machiavelli, maar zijn dit meer de denkbeelden van Carl Schmitt, een nu veelal vergeten rechtsfilosoof die in de Weimar Republiek leefde en een uitgesproken tegenstander was van het liberalisme. Zijn militaristische en antisemitische theorieën zijn nu niet meer *salonfähig* in zijn geboorteland, maar een bundel met een korte samenvatting van zijn ideeën is vaak uitgeleend in de bibliotheek van de Noordoostelijke Universiteit voor Politieke Wetenschappen en Recht te Xi'an waar ik iedere zomer een serie gastcolleges mag geven. Dat Han Fei niet bekend is in het Westen verbaast mijn studenten niet; dat Carl Schmitt niet meer gelezen wordt door niet-geschiedkundigen was voor hen een verrassing.

Han Fei is niet de eerste filosoof waar je aan denkt als je het hebt over Xi Jinping, de secretaris-generaal van wellicht de meest succesvolle communistische partij in de menselijke geschiedenis. In 2022 zal China de Sovjet-Unie voorbijstreven met de langste regeerperiode van een communistische partij. Het is ook het jaar dat Xi Jinping af gaat treden – tenzij hij zijn 'shi' gebruikt om de wet aan te passen, natuurlijk. Hoe is de pragmatische autoritaire filosofie van Han Fei te rijmen met het idealisme van Marx en de voortdurende revolutie van Mao? In toespraken heeft de Chinese president Han Fei drie keer vaker geciteerd dan Karl Marx. Alleen citaten van Mao Zedong komen vaker in Xi's toespraken voor dan citaten van Han Fei. Xi Jinping is sinds vroeg in zijn jeugd geschoold in de theorieën van Marx, Lenin en Mao, maar in de loop der tijd moet hij tot de conclusie zijn gekomen dat de officiële ideologie van de Partij niet meer toereikend was om aan de macht te blijven. Met recht kan worden gezegd dat een constant machtsmonopolie inmiddels de enige existentiële reden voor de heerschappij van de Partij is. Macht om de macht. En voor deze machtspolitiek is het legalisme en de filosofie van Han Fei beter geschikt dan het revolutionaire jargon van het communisme. In een land waar het verschil tussen arm en rijk inmiddels groter is dan in de VS, is de egalitaire taal van Marx gevaarlijker dan die van pragmatisch autoritarisme. In een land waar de Partij nationalisme aanwakkert en cultiveert, is het internationalisme van 'arbeiders aller landen' niet geschikt, maar het militarisme van Han Fei des te meer. In een land waar de kinderen van de revolutionaire leiders van weleer de nieuwe 'rode aristocratie' vormen, is de oude revolutie niet veel meer dan een mythisch scheppingsverhaal, zonder politieke betekenis. Marx en Mao worden door het leiderschap vereerd en blijven veelal ongelezen – Han Fei biedt de praktische instrumenten die de leiders willen voor het behouden van de absolute macht.

Het pragmatische autoritarisme van de *Han Feizi* is een instinctieve reactie van een praktisch denkende filosoof op de chaos van constante strijd en existentiële onzekerheden. Thomas Hobbes zag een soortgelijke wereld in de zeventiende eeuw en kwam tot soortgelijke conclusies. Het is duidelijk een instinct dat Xi Jinping deelt. President Xi ziet in het China van de vroege eenentwintigste eeuw ook meer chaos dan orde. Dat laatste komt niet overeen met hoe buitenstaanders China zagen gedurende de afgelopen twintig jaar: een monolithisch geheel, met een strak staatsgestuurd kapitalisme en een laagje rode saus als ideologie. Xi Jinping zag bij zijn aantreden in 2012 een Partij die intern verdeeld was, met de rot van corruptie diep in haar wortels, een bevolking die steeds meer de westerse denkbeelden omarmde en vrijheden opzocht, en een wetteloosheid in de maatschappij.

Han Fei en Xi Jinping delen meer dan hun instinctieve ideologische antwoorden op de uitdagingen van de tijd. Ook Xi Jinping is van adellijke komaf. Zijn vader, Xi Zhongxun, was een held van de Revolutie en gedurende lange tijd een vertrouweling van de Grote Roerganger, Mao Zedong. Xi senior viel tijdens de Culturele Revolutie uit de genade en Xi junior werd als gevolg daarvan naar het platteland gestuurd. Han Fei en Xi Jinping zijn allebei met vallen en opstaan de glibberige loopbaanladder opgeklommen. Maar waar Xi Jinping de apex in 2012 bereikte, was Han Fei meer een soort profeet uit het Oude Testament, wiens advies alleen in ballingschap werd opgevolgd terwijl zijn eigen land was onderworpen.

Als je aan de boeken in iemands boekenkast kunt zien wat voor mens de eigenaar is, dan kan je waarschijnlijk aan de citaten van een politiek filosoof ook zien wat voor politicus iemand is. Onder Xi Jinping is de onderdrukking van dissidenten toegenomen, zitten er meer journalisten in de gevangenis dan waar ook ter wereld en worden onderdanen in verre uithoeken van zijn rijk wreed onderdrukt. Han Fei zou deze zaken president Xi niet verwijten. Han Fei werd uiteindelijk door een rivaal overtuigd om vergif in te nemen, om een ergere executie te vermijden. Hij negeerde de wet van zijn gevangennemers en nam zijn lot in eigen hand – op een vreemde manier vind ik het een hoopvol einde voor een apologeet van de absolute macht.

Mijn piraatjes tegen de Japanse soldaatjes

LEGO is sinds een paar jaar het machtigste speelgoedbedrijf ter wereld. Er zijn zoveel blokjes gemaakt sinds LEGO in 1949 het eerste plastic bouwsteentje produceerde, dat we drie LEGO-torens naar de Maan kunnen bouwen en er zijn meer kleine LEGO Star Wars-stormtroopers dan menselijke soldaten van alle legers ter wereld. Mattell, Fischer-Price en Hasbro hebben het nakijken met zo'n unieke formule. Het rode logo met de witte letters is een van de best herkende logos ter wereld en reclamemaker Dave Trott noemt LEGO 'de Apple van het speelgoed'. Maar waar Apple snel in staat was de Chinese markt te veroveren met zijn monopolie op luxe technologische gadgets, heeft LEGO hier ups en downs gehad. Veel meer dan Apple kampt LEGO in China met nep-producten, want het is immers makkelijker om een LEGO steentje na te maken dan een iPhone. Bovendien was in het begin van het millennium de Chinese yuan kunstmatig laag, waardoor een toch al prijzig LEGO doosje voor de meeste ouders onbetaalbaar werd. In een cultuur waar onderwijs veel belangrijker is dan spelen, begonnen zowel slimme Chinese ondernemers als LEGO zelf het product op een nieuwe manier te verkopen. In de stad waar ik acht maanden per jaar woon, kan ik bijna geen LEGO kopen in speelgoedwinkels of warenhuizen, maar er zijn alleen hier al vijftien scholen waar kinderen samen of alleen kunnen bouwen met LEGO steentjes. Het is geen 'spelen', maar 'leren', want anders zouden Chinese ouders hun kinderen nooit naar deze privéscholen laten gaan. Spelen is zonde van de tijd en speelgoed is geen prioriteit als Chinezen gaan winkelen. Leren, daarentegen, is belangrijk én een prima investering.

In 2013 begon de groei van LEGO in China pas goed. Dat was vrij laat in vergelijking met andere westerse producten van soortgelijke beroemdheid en de directeur, Jørgen Vig Knudstorp, geeft toe dat het een moeilijke start was. 'LEGO is creatief speelgoed, maar als bedrijf is het soms te voorzichtig. Maar dat is ook de kracht van LEGO, want kwaliteit en zorgvuldigheid zijn enorm belangrijk.' Knudstorp, de eerste LEGO-baas die geen familie is van de oprichter, Ole Kirk Christiansen, ziet in het moderne China een toekomst voor LEGO. 'Kinderen overal ter wereld willen spelen, maar de manier waarop LEGO zijn unieke speelgoed brengt, kan van land tot land veranderen.' LEGO probeerde in China de ouders en kinderen te bereiken alsof ze Amerikaanse of Europese ouders en kinderen waren, maar de plastic steentjes waren zowel wat betreft cultuur als qua welvaartsniveau niet geschikt. Het speelgoedbedrijf begon pas te verkopen in Japan, Zuid-Korea en Taiwan toen de prioriteiten van ouders daar begonnen te veranderen met de toegenomen welvaart. De Chinese middenklasse is enorm in kwantitatieve zin, maar pas kort op het niveau van de kleinere buurlanden.

Het Deense familiebedrijf heeft inmiddels de markt omarmd en waar de strenge LEGO-kwaliteitscontroleurs in het verleden de Chinese standaarden te laag vonden, heeft de speelgoedmaker onlangs een fabriek geopend in Jiaxing, 100 kilometer buiten Shanghai. De fabriek is de op drie na grootste van het LEGO-concern en zal volgend jaar met 1500 arbeiders op volle kracht steentjes gaan persen. Waar in het Westen de steentjes via de jongenskamer (en soms meisjeskamer) de school in zijn gekomen, waar kinderen spelenderwijs worden blootgesteld aan architectuur en robotica, is het in China grotendeels andersom; de kinderen die tijdens hun lessen niet genoeg kunnen krijgen van LEGO willen thuis verder leren. 'Chinese ouders zien een moderne samenleving met veel competitie en zijn bezorgd over de vaardigheden van hun kinderen. De culturele nadruk ligt op leren,' zegt Knudstorp. 'Daarom is het onze strategie om ouders te vertellen dat kinderen met

LEGO leren terwijl ze spelen en met LEGO spelen om beter te kunnen leren.'

Behalve een fabriek in Jiaxing heeft LEGO inmiddels een prachtig nieuw distributiekantoor geopend in Shanghai. Van hieruit wordt LEGO niet alleen naar Chinese, maar naar ook Japanse en Zuid-Koreaanse kinderen gebracht. Waar de Chinese imitators van LEGO nog steeds hele LEGO-doosjes namaken, zijn veel van hen overgestapt op het massaal kopiëren van diverse steentjes, zodat kinderen hun collectie dure LEGO-steentjes kunnen aanvullen met standaardblokjes. Dat is natuurlijk slecht nieuws voor LEGO, want de Chinese overheid is niet erg behulpzaam geweest in het aanpakken van de schenders van de LEGO-patenten. De vrijemarktwerking lijkt het probleem eerder te gaan oplossen dan de trage bureaucratie van het Chinese patentenkantoor, want Chinese ouders zijn inmiddels zo argwanend over de kwaliteit van producten van eigen bodem dat ze liever meer betalen voor een merk met de ijzeren (of hard plastic-) kwaliteitsgarantie van LEGO.

'Ik ben bang dat ik de kwaliteit van het vlees in de supermarkt niet kan vertrouwen, dat de overheid liegt over de kwaliteit van het water en durf geen melk van Chinese merken te kopen,' verzucht Zheng Yalu, een jonge moeder van een kleuter. 'Natuurlijk neem ik voor mijn zoon helemaal geen risico. Als hij een LEGO-steentje in zijn mond heeft, bladdert er in ieder geval geen giftige verf vanaf.' Dit is het soort ouders waar LEGO het van moet hebben, want de groeiende middenklasse is zeer goed op de hoogte van de kwaliteitsschandalen met betrekking tot Chinese producten en geruchten zijn halsstarrig in een land waar overheidsinformatie nooit geloofd wordt, zelfs als er geen censuur is. Bu Xiaodong, een ambtenaar bij de Chinese Commissie Kwaliteitscontrole Speelgoed, zegt dat de Chinese overheid veel verhalen over de slechte kwaliteit van het speelgoed aan zichzelf heeft te wijten. 'Het is niet censuur, maar de corruptie van de voorgaande jaren. Controleurs werden omgekocht en fabriekseigenaren logen over de materialen.' Meneer Bu wil benadrukken dat het nu allemaal anders is. 'De anti-corruptiecampagne van onze president, kameraad Xi Jinping en onze Partij, heeft vruchten afgeworpen. De burger moet de overheid kunnen vertrouwen en wij hebben nu een heel stringent en zuiver beleid.' Ik kan de controleurs van meneer Bu niet controleren, maar moet vaststellen dat de vaders en moeders die ik heb gesproken hem (nog?) niet geloven. 'LEGO is een westers product. Westerse bedrijven liegen niet tegen hun klanten. LEGO staat voor kwaliteit en veiligheid,' zegt mevrouw Zheng. 'En natuurlijk de westerse creativiteit.'

Premier Li Keqiang is een van de grootste promotors van de creatieve industrie in China, met subsidies en met reclamecampagnes. Hoewel de overheid LEGO nooit bij naam heeft genoemd, is de campagne 'speel om te leren, speel om te creëren, speel voor het moederland' zeker wat betreft de eerste twee onderdelen LEGO op het lijf geschreven. Roar Rude Trangbaek, directeur publiciteit van LEGO, vertelde me tijdens een bezoek aan China in 2014, dat LEGO aan de wieg heeft gestaan van uitvinders en ontwerpers overal ter wereld en nu in China. 'Als ik kijk naar de modernisering en de ontwikkelingen in de economie, dan denk ik dat LEGO een bijdrage gaat leveren aan het nieuwe China.' Veel ouders zijn het met hem eens. Yuanzi, mijn buurjongetje van vier jaar oud, heeft een T-shirt met het LEGO-logo en een slogan in het Chinees. De slogan is een vertaling van het LEGO-motto *det bedste er ikke for godt:* 'het beste is nooit te goed'. Het zou een Chinees spreekwoord kunnen zijn geweest, want Chinese ouders eisen heel veel van hun kinderen. Studenten komen vaak naar me toe met de mededeling dat voor hun ouders hun beste cijfers niet goed genoeg zijn. 'Westerse ouders zijn blij met een 9 op het rapport van hun zoon of dochter. Chinese ouders vragen meteen: 'Waarom heb je geen 10?' In die competitieve maatschappij is creativiteit een vaardigheid die moeilijk in cijfers is uit te drukken, maar ouders begrijpen het belang ervan maar al te goed.

LEGO belichaamt creativiteit. Wereldwijd is het een van de begrippen die men bijna meteen noemt als je LEGO zegt. Chinezen hebben de naam niet creatief te zijn en horen tegelijkertijd regelmatig via de staatsmedia dat het moderne moederland, het nieuwe China, vraagt om creativiteit. Daar komt nog bij dat China tot voor kort een eenkindpolitiek had, waardoor de meeste ouders in de meer ontwikkelde steden nu maar één kind hebben en genoeg geld om in dit ene kind te investeren. Mijn buren behoren net tot de nieuwe middenklasse; hij werkt voor een Duits bedrijf dat auto-onderdelen levert aan Audi en zij is stenotypiste bij de rechtbank. Beide ouders zijn heel voorzichtig met hun inkomen, omdat hun ouders van een generatie zijn die de ergste Mao-jaren hebben meegemaakt. Een van die grootouders, een weduwnaar en de vader van Yuanzi's vader, woont ook bij hen. Bij mooi weer drinkt grootvader soms met mij een kopje thee op het trottoir voor ons flatgebouw. Hij vertelt graag over vroeger 'maar blijkbaar willen alleen buitenlanders daarnaar luisteren, de rest is te druk met de toekomst.' Hij begrijpt niet waarom zijn zoon en schoondochter Yuanzi ieder weekend naar een LEGO Education Center in een andere wijk van de stad brengen. Het duurt een half uur om naar de school te reizen, de 'les' is een uur, en dan weer een half uur terug naar huis reizen. Vaak gaan ze met z'n allen en gaan de drie volwassenen ergens koffiedrinken terwijl hij met de

LEGO speelt. Soms brengt Yuanzi's moeder hem en haalt hij zijn kleinkind op. 'Dat vindt Yuanzi het leukst, want dan krijgt hij op de terugweg een ijsje. Maar dat spelen, dat begrijp ik niet. Hij leert toch helemaal niets daar? Geen kalligrafie, geen rekenen. Toen ik zo oud was als hij, kon ik al heel wat karakters maken, hoor! Hij worstelt met zijn eigen naam.' Dan begint hij te lachen en wijst op mij: 'Net als jij!' De opa van Yuanzi heeft gelijk, want ik kan nog steeds de karakters van mijn Chinese naam niet zonder problemen op papier krijgen.

Voor zijn vijfde verjaardag gaf ik Yuanzi een doosje LEGO dat ik online had gekocht. Moeder en het verjaardagsbezoek wilden meteen weten waar ik échte LEGO had gekocht. De enige die het allemaal een beetje geldverspilling vond, was zijn grootvader. 'Ik kon als kind uren spelen met een tak – en als het allemaal heel erg was ging die tak daarna in de soep. Ik snap al dat nieuwe speelgoed niet.' Maar als ik hem vraag of hij het leuk vindt om te zien hoe zijn kleinzoon geniet van het spelen, zegt hij met een grom: 'Het is beter dan een speelgoedgeweer.'

In LEGO-setjes kan je meestal geen geweertjes vinden. Ole Christiansen, die de naam LEGO baseerde op het Deense 'leg godt', wat 'goed spelen' betekent, was een overtuigd pacifist. Riddertjes hadden zwaardjes en later kwamen er piraatjes met karabijnen, maar LEGO is altijd terughoudend geweest met het maken van overduidelijk militaire modellen. Soms levert dat vreemde situaties op, want dankzij lucratieve contracten met Lucasfilm en Disney maakt LEGO wel zwaarbewapende ruimteschepen en sprookjesachtige bandieten, maar de politieagenten in de LEGO-stad moeten de orde handhaven met een luidspreker en een walkietalkie. Een ouder jongetje op een andere privéschool met een LEGO-klas, Duanwei, vindt dat wel jammer. 'Ik zou graag Japanse legersoldaatjes willen hebben. Dan kunnen mijn piraten die doodschieten.' Dat is de creativiteit die de oprichter van LEGO liever niet had gezien: piraten tegen het Keizerlijke Leger van Japan. Maar als Duanwei ooit filmmaker wil worden, investeer ik in die productie.

Het stille bos

Dit was een van de moeilijkste stukken om te vertalen en te herschrijven voor dit Nederlandstalige boekje. In maart 2014 schreef ik voor een tijdschrift in China over een van mijn studenten die tijdens haar uitwisselingsreis naar Japan zelfmoord had gepleegd. Anderhalf jaar later koos mijn broer Joost zelf de dood. Indertijd, in 2014, heb ik een pdf van de Engelstalige versie naar Joost gestuurd. Ik schreef in de begeleidende e-mail dat hij het misschien interessant zou vinden vanwege zijn professionele interesse in zelfdoding en meldde in een bijzin dat mij opgevallen was dat hij in geen van zijn essays over zelfdoding ooit de culturele kant van het verhaal besprak. Het was een korte en redelijk simpele mail die ik na Joosts dood meerdere keren herlezen heb. Vanwege de gebeurtenissen in Haarlem op 8 september 2015 is dit stuk uit maart 2014 voorgoed veranderd. Ik heb lang getwijfeld of ik het zou vertalen voor dit boekje, niet alleen vanwege de emotionele lading van het verhaal, maar ook omdat ik niet wil dat mensen mijn werk alleen maar lezen vanuit een morbide interesse in mijn broer. Toch heb ik ervoor gekozen om het hier een plaats te geven. Voor mezelf, voor de lezer, voor mijn broer, maar vooral voor een veel te vroeg gestorven meisje die voor zichzelf de naam Fiona had gekozen – 'zuiver' en 'eerlijk' in het Ierse Gaelic.

Mijn vader heeft zelf in een wanhopige – en, jawel, egoïstische – bui geprobeerd een einde aan zijn leven te maken. Voor een zoon is het een klap in het gezicht, dat je het niet waard was om voor in leven te blijven. Mijn broer heeft er veel over geschreven in Nederland, maar hij was er niet toen mijn vader wakker werd, begreep dat hij in het ziekenhuis lag en onmiddellijk zei dat hij dit niet had gewild. Een vriend van hem, naast zijn ziekenhuisbed, zei: 'Nee, natuurlijk wilde je niet dood, natuurlijk niet.' Maar mijn vader bedoelde dat hij niet wakker had willen worden, niet wilde leven. Ik zei niets. Wat kan je op zo'n moment als zoon zeggen? Behalve 'wat ben je een enorme lul' maar daar leek het me de tijd noch de plaats voor. Zo ook toen ik hoorde van de zelfgekozen dood van een student. Ik had haar graag willen uitschelden voor haar egoïstische daad. En daarna omhelzen vanwege haar wanhoop.

In de jaren negentig had China een van de hoogste zelfmoordpercentages ter wereld. Het waren vooral jonge meisjes op het platteland die de dood kozen, meestal door pesticide te drinken. China had in die jaren ook de merkwaardige eer om als enige land ter wereld meer vrouwelijke zelfdodingen dan mannelijke te hebben. In sommige jaren waren er vier keer zoveel vrouwen die de wanhopige stap namen als mannen. In alle andere landen zijn de mannen in dit geval het zwakkere geslacht. In 2002 publiceerde het Britse medische tijdschrift *The Lancet* dat er in China tussen 1995 en 1999 23,2 gevallen van zelfdoding waren per 100.000 mensen. In 2009 tot 2011 was dat 9,8, een ongelooflijke daling en geen enkel ander land ter wereld heeft ooit zo snel zo'n daling gezien. In China is het zelfs gebeurd zonder een dramatische verbetering van de geestelijke gezondheidszorg en zonder een of andere nationale campagne. Het is gewoon gebeurd. In diezelfde periode heeft China een enorm economisch wonder meegemaakt en het zal ongetwijfeld iets met elkaar te maken hebben. Geld maakt niet gelukkig, maar blijkbaar maakt het minder mensen zo ongelukkig en wanhopig dat ze hun eigen dood kiezen. Wereldwijd ligt dat echter anders. Daar zijn de percentages wat omhooggegaan, van 11,6 naar 14.

Hu Yalu is een leuke meid van 23, afkomstig uit een dorpje nabij Chengdu. Ze ziet er prima uit en heeft veel vriendinnen. Op haar Weibo (een Chinees sociaal medium) schrijft ze over Koreaanse popmuziek en haar studie marketing in Beijing. Vorig jaar heeft ze geprobeerd zelfmoord te plegen, maar nu heeft ze er spijt van. Ze had slechte cijfers gehaald en was haar studiebeurs kwijtgeraakt. Haar vriendje bood aan om haar te helpen, maar wilde in ruil daarvoor een afspraak dat zij zijn maîtresse zou worden en hij met een meisje van zijn eigen stand kon trouwen. Omdat ze twijfelde, maakte hij het uit en schreef op een briefje dat ze later in haar tas vond dat ze maar beter een einde aan haar leven kon maken, want er zou nu toch niets van haar terechtkomen. Op haar kamer op de universiteit vond ze slaappillen in de tas van een kamergenoot en op een avond voor een vakantie, toen iedereen naar hun ouderlijk huis was teruggekeerd nam ze het flesje van haar kamergenoot en nam alle pillen in met een scheut *baijiu*, Chinese sterke drank.

Als ik met haar praat in een coffeeshop in het Sanlitun-district van Beijing, valt mij op hoe rustig en zakelijk ze erover praat. Ze heeft haar handen in haar schoot en kijkt naar de grond als ze zegt dat het blijkbaar niet allemaal goede slaappillen waren. Ze moest alleen maar heel erg overgeven en was dronken van de baijiu, maar verder niet. Dan kijkt ze op en vraagt: 'Denk je dat er een God is die me heeft gestopt?' Ik weet niet wat ik ervan moet denken, want als dat zo is, dan suggereert dat natuurlijk meteen dat God anderen niet stopt en dat besef maakt mij verdrietig, zelfs al stemt de reddende God haar hoopvol. Ik wil liever weten hoe ze er nu mee omgaat, wie ze het allemaal heeft verteld en ik wil weten wat ze denkt over Fiona, de Engelse naam voor Fu Xi, een vriendin van haar en een student van mij. Dus zeg ik dat als God haar heeft gestopt, dat natuurlijk prachtig is. Maar waarom dan Fiona niet?

Yalu en Fiona zijn uitzonderingen, want de enorme val in de Chinese zelfmoordstatistieken is het duidelijkst bij vrouwen tot 35. In 1990 was dit de grootste groep. Het aantal zelfmoorden in deze groep is met 71% afgenomen. Als je alleen kijkt naar jonge vrouwen op het platteland, dan is het bijna 90%. Overigens is het heel goed mogelijk dat veel zelfmoorden worden afgedaan als dood door ongeval, maar volgens de meeste experts is die trend niet veranderd in de jaren, dus zelfs als het aantal zelfmoorden nu hoger is dan in de statistieken, dan was het in de jaren negentig nog vele malen hoger. Er zijn twee uitzonderingen op de neerwaartse trend, meer ouderen en hoge partijfunctionarissen plegen zelfmoord dan voorheen. De ouderen zijn vaak eenzaam of voelen zich bezwaard om hun familie op te zadelen met medische zorg, en de significante groei onder partijfunctionarissen is er pas sinds 2012, dus een verband met de anti-corruptiecampagne van president Xi Jinping ligt voor de hand.

Yalu heeft een vriendin die ook van het platteland komt en samen hebben ze het weleens over Yalu's zelfmoordpoging. Ze heeft het er nooit met anderen over en ik heb het ook alleen maar van haar gehoord na de onverwachtse dood van Fiona. De vriendin spreekt geen Engels, maar Yalu stelt me toch aan haar voor en de twee hebben snel veel lol om mijn slechte Chinees. De migratie van meisjes van het platteland naar de stad is een van de factoren waarom zelfmoord onder hen is afgenomen. Hoewel ze als tweedeklasburgers worden beschouwd in de stad is er een gevoel van bevrijding: geen druk van de familie, geen ongelukkige huwelijken waar ze anders te jong in zouden zijn gestapt, geen dictatoriale schoonmoeders en geen zwaar werk op het land. Maar misschien, zegt de vriendin van Yalu, is het veel moeilijker om in de stad een goed glas giftige pesticide te vinden. Zwarte humor is een goed medicijn.

China bewijst het tegendeel van de theorie van Emile Durkheim, een Franse socioloog uit de negentiende eeuw, dat verstedelijking, modernisering en het kleiner worden van families een soort vervreemding veroorzaakt die een hoger zelfmoordpercentage tot gevolg heeft. In rijkere landen is er een Durkheim-effect, maar blijkbaar is enige economische vooruitgang en verstedelijking goed voor de menselijke geest.

Yalu en haar vriendin zijn het erover eens dat Fiona alles had om voor te leven. Ze was lang en mooi en haar ouders hadden goede banen bij de overheid, wat men in China een 'ijzeren rijstschaal' noemt omdat je altijd te eten zult hebben. Dankzij haar studie Japans kon ze zelf ook rekenen op een goede baan. Maar het was Japan waar ze depressief was geworden. Yalu merkte een andere toon in haar e-mails en haar berichtjes op WeChat, een veel gebruikt programma om tekst-, foto- en videoberichtjes te sturen. Twee maanden geleden reed ze in een huurauto naar Aokigahara en plaatste foto's op haar WeChat met het onderschrift dat dit bos in vroeger tijden werd gebruikt voor *ubasute*, een ritueel waarbij de oudste en ziekste leden van de gemeenschap het bos in werden gedragen om daar in alle rust te sterven en zo de gemeenschap te verlossen van een last.

'Ik stuurde een berichtje terug dat ze daar maar niet te lang moest blijven, in het geval de Japanners haar als een last zagen voor hun gemeenschap,' zegt Yalu. 'Het was een flauwe opmerking, maar niet bedoeld om haar pijn te doen.'

In haar laatste e-mail naar mij vertelde Fiona over een roman van Seicho Matsumoto, uit 1961, waarin de heldin in Aokigahara zelfmoord pleegde. Ook vertelde ze dat veel Japanners zich in de jaren negentig, nadat de financiële zeepbel waarop het Japanse systeem was gebouwd was geknapt, zichzelf hier van het leven hadden beroofd. Ik vond de toon van haar e-mail erg deprimerend, maar helaas ging ik alleen maar in op het economische verhaal in haar e-mail, dat de Chinese banken erg lijken op die van Japan voor de crash van de jaren negentig en dat er nu ongetwijfeld minder zelfmoorden in Japan zijn.

Een week later hoorde niemand meer van Fiona. Haar huurauto werd gevonden bij een van de ingangen van Aokigahara. De baas waar ze stage bij liep, belde de school om te klagen over haar onverwachtse afwezigheid. Niemand wist wat er was gebeurd, maar iedereen was bang dat ze het bos in was gegaan om een onwereldse stilte te zoeken.

Yalu heeft een foto van Fiona en haarzelf. Ze heeft nu een nieuw vriendje dat niets weet van de schoft die haar ooit in een briefje zelfmoord had aangeraden. Hij weet niet eens dat Yalu ooit zelf zelfdoding heeft geprobeerd en begrijpt daarom haar obsessie met zelfdoding niet. 'Hij wil dat ik de foto wegdoe. Hij zegt dat het ongeluk brengt om een foto te houden van iemand die zichzelf van het leven heeft beroofd.'

Later op de avond lopen Yalu en ik over de straat in Sanlitun, richting haar campus. Haar vriendin moet die avond werken en heeft al gedag gezegd, dus we zijn alleen met vele mensen die langs ons heen schieten. Mensen die Fiona nooit hebben gekend, mensen die niet weten hoe wij lijden. Er hoeft niets meer gezegd te worden, want alles is al gezegd. En niets is uitgelegd. Ze omhelst me bij de poort waar we gedag zeggen, een bijzonder afscheid in China, waar publieke affectie ongewoon is, zelfs tussen minnaars. Ik merk dat mensen naar ons kijken en denken dat een vieze oude buitenstaander een Chinees meisje heeft versierd.

Fiona verdween in november 2013, en hoewel haar lichaam pas in februari 2014 is gevonden, had iedereen toen al aanvaard wat ze had gedaan. Het was een bevestiging van al onze onbeantwoorde vragen, maar nog steeds geen uitleg. Ze had zich opgehangen aan een boom op een van de vele heuvels van oud vulkanisch materiaal. Langs de weg naar de heuvel staat een bordje met de Japanse tekst dat het leven waardevol is en een alarmnummer voor suïcidale personen, want Fiona is niet de enige die Aokigahara als een veel te vroeg eindstation van haar reis heeft gekozen. Het enorme bos slokt de geesteszieken, de wanhopigen en de moedelozen op, als een zwijgend, prachtig en wachtend monster. Een bos van dodelijke schoonheid in een land dat zoveel rijker en vrijer is dan China, maar dat ons eraan herinnert dat de wereld nooit verlost zal worden van de ziekte die zelfdoding heet.

Tussen de kwakzalver en de Nobelprijswinnaar

Op een ochtend in oktober 2015 tikte mijn collega Michael Wang op het raam van mijn kantoor. Het was een collegevrije periode en ik had geen enkele collega rond zien lopen. Op een drukke campus, in een drukke stad, in een druk land is het fijn om je even terug te kunnen trekken tijdens een vrije periode en ik had eigenlijk geen zin in de parttimedocent Engelse schrijfvaardigheid, die voor zichzelf de naam Michael had gekozen. Ik probeerde een excuus te bedenken om hem snel weer de deur uit te krijgen. Tot mijn verbazing had ik geen tijd om hem te groeten, want hij viel met die pas geopende deur in huis, met de mededeling: 'We hebben er eentje, eindelijk hebben we er eentje!'

Het duurde even voordat ik begreep dat hij het bleek te hebben over de Nobelprijs voor Tu Youyou. Hoewel we drie jaar eerder in een café het glas hadden geheven op de Nobelprijs voor de Literatuur voor Mo Yan, had een collega van Michael verzucht dat China 'nooit meetelt in de wereld, tot een Chinees een Nobelprijs voor een van de wetenschappen kan krijgen.' Ik had er nog nooit over nagedacht en was absoluut niet dronken genoeg om de Nobelprijs voor de Vrede van Liu Xiabo op te werpen met een kwinkslag over 'vrede is veel moeilijker dan scheikunde', of zoiets. De vrienden van Michael waren serieuze mannen en hoewel ze bereid waren om te debatteren over serieuze kritiek op de Chinese regering, vielen mijn grappig bedoelde opmerkingen over het communisme en de onderdrukking meestal niet in goede aarde. Ik ken veel Chinezen met gevoel voor humor die kritiek op de Partij kunnen waarderen, maar Michael en zijn vrienden vielen niet in die groep.

'Eindelijk hebben we er eentje.' En Dr. Tu is een prachtige winnares voor de Chinezen. Ze heeft al haar onderzoek in China gedaan en dankt haar prijs dus niet aan de imperialistische universiteiten die zoveel Chinezen hebben opgeleid. Haar loopbaan begon nadat de Grote Roerganger zelf een oproep had gedaan om van het land een wetenschappelijke grootmacht te maken en de wetenschap te gebruiken om het leven van de mensen beter te maken. De prijs, die ze deelt met de Japanner Satoshi Omura en de in Ierland geboren Amerikaan William Campbell, is toegekend voor haar strijd tegen malaria. De andere twee winnaars hebben een belangrijke bijdrage geleverd aan de bestrijding van slaapziekte, een andere vernietigende aandoening. Dr.

Tu heeft een antimalariaal chemisch element gevonden in de plant die we hier qinghao noemen en die in het Nederlands de zomeralsum wordt genoemd. Dit is een verdiende eer voor Tu en voor de Chinese wetenschap, maar tot mijn schrik liet premier Li Keqiang weten dat de Nobelprijs een erkenning was voor 'de traditionele manier waarop Chinezen al eeuwenlang wetenschap en geneeskunst bedrijven'. Dat klonk verdacht veel alsof het een rechtvaardiging was voor Traditionele Chinese Geneeskunde (TCG) en dat was het absoluut niet.

Het is erg gevaarlijk om te denken dat deze Nobelprijs een erkenning is voor TCG, want in het beste geval werkt TCG niet en soms is het zelfs ronduit gevaarlijk. En premier Li was niet de enige die de prijs voor Dr. Tu zag als een teken dat TCG eindelijk uit de hoek van de kwakzalverij en spiritualiteit was gekomen. Tu had namelijk een verwijzing naar de qinghaoplant gevonden in een tekst over de genezende werking van kruiden uit de vierde eeuw en al snel werd dat in de ogen van vele Chinezen en westerlingen gezien als een rechtvaardiging van de hele marskramersdoos van de TCG. Nou heb ik in mijn Chinese jaren heel wat TCG-behandelingen gehad, mij meestal opgedrongen door goedbedoelende vrienden en mijn geliefde. Die vrienden zijn zeker niet goedgelovig en mijn geliefde is een van de meest cynische en kritische personen die ik heb mogen ontmoeten, maar allemaal geloven ze op een of ander niveau in Chinese geneeswijzen die ik zie als naïef en primitief. Ik weet dat ik met die uitspraak gevaarlijk terrein betreed, dat van de westerling die in de Oriënt hoofdschuddend kijkt naar de vreemde gebruiken van de inboorlingen. Dat is absoluut niet de bedoeling, maar in onze politiek-correcte discourse is het de schijn die schuldig maakt. Ik houd van China, ik bewonder de Chinese filosofie en waardeer de Chinese cultuur. Er zijn twee zaken in China die mij tegen de borst stuiten en dat een van die twee het politieke systeem is, zal mij niet al te veel hoon opleveren. Maar de tweede is de Traditionele Chinese Geneeskunde en hier moet ik op eierschalen lopen, want westerlingen met enig gevoel mogen van onze sociologen, politicologen, cultureel-antropologen en andere studeerkamerologen de inzichten van duizenden jaren niet afdoen met misplaatste westerse arrogantie.

Uiteraard zijn er geneeskrachtige kruiden in de natuur. Het feit dat de Chinese kruidendokters eeuwenlang niet meer of minder levens wisten te redden dan hun Griekse, Romeinse, en middeleeuwse collega's in het Westen, geeft aan dat zij allen hun heil zochten in de natuur om hen heen en regelmatig succesvol waren. Het Westen maakte vervolgens een wetenschappelijke revolutie mee en kruiden in zowel het Westen als het Oosten zijn inmiddels door de farmaceutische industrie onderzocht. Dankzij de wetenschappelijke methode zijn de geneeskrachtige elementen van de eeuwenlang gebruikte kruiden verwerkt in moderne medicijnen. Dat Dr. Tu deze methode heeft gebruikt om de antimalariale stof artemisinine te ontwikkelen – en daarvoor de Nobelprijs absoluut verdient – staat voor mij niet ter discussie. Dat is geen TCG, want het belangrijkste verschil tussen artemisinine en TCG is dat artemisinine daadwerkelijk helpt in de bestrijding van een gevaarlijke ziekte.

Ik ken de meeste Chinezen als rationele mensen. Een paar jaar geleden sprak ik op een universiteit in het centraal gelegen Chongqing over 'tegenstanders van de wetenschap'. Het maakte deel uit van een Studium Generale over wetenschapsfilosofie. Mijn Chinese collega besprak de geschiedenis van de Chinese wetenschap als een rechte lijn waarin het steeds beter gaat met de mensheid en ik was het grotendeels eens met zijn rationeel optimistische verhaal. Maar mijn lezing ging over de mensen die het anders zagen. Ik hoef hier niet het hele college over te doen, maar alleen ons eigen tijdperk heeft de ontkenners van door de mens veroorzaakte klimaatverandering, de tegenstanders van genetisch gemodificeerd voedsel, de gelovigen die Genesis letterlijk nemen en het evolutieproces verwerpen, mensen die campagnevoeren tegen de globalisering die hun eigen levensstandaard heeft verbeterd, en ouders die hun kinderen niet inenten vanwege een inmiddels achterhaald gerucht over het verband tussen autisme en vaccinaties. Natuurlijk waren alle hoogopgeleide studenten en collega's het ermee eens dat mensen die de wetenschappelijk onbetwiste feiten negeren toch een beetje zielig zijn. Ik sloot af met: 'En ook China, officieel een van de meest atheïstische landen ter wereld, is niet immuun voor onwetenschappelijk denken, met het wijdverspreide geloof in de geneeskrachtige werking van Tradionele Chinese Geneeswijzen'.

Tijdens de pauze werd ik belaagd door Chinese collega's die een serieus gesprek met mij aan wilden gaan om TCG te verdedigen. Dit waren geen kruidendokters die bezorgd waren over hun eigen inkomsten; dit waren allemaal academici die geïnteresseerd waren in wetenschapsfilosofie. Dit was absoluut niet wat ik had verwacht toen ik TCG in mijn lezing had verwerkt. Ik was naar het Studium Generale gegaan om ideeën uit te wisselen met vakgenoten, maar ik kwam voornamelijk terug met meer vragen over TCG.

TCG is een ruim begrip en omvat veel verschillende aspecten van op mystiek berustende volksgeneeskundige gebruiken. Veel denkbeelden zijn afkomstig uit het daoïsme en andere volksgeloven in China. Het is, in tegenstelling tot wat mensen in het Westen weleens denken, niet of nauwelijks geïnspireerd door het boeddhisme of confucianisme. Centraal uitgangspunt in TCG is dat de qi, de vitale energie van het lichaam, door kanalen circuleert die meridianen worden genoemd, die dan weer vertakkingen hebben naar de organen van het lichaam en de functies daarvan. Daarbij komt de bekende balans van yin en yang en vijf oerelementen. Ziekte wordt toegeschreven aan het uit balans zijn of onderbreking van qi. In Nederland is acupunctuur een populair aspect van de TCG, maar het is slechts een van de vele manieren waarop TCG-doctors claimen de balans terug te brengen. Kruiden en magische ingrediënten uit de dierenwereld zijn belangrijke onderdelen voor iedere Chinees die in meer of mindere mate in TCG gelooft – want het is een geloof, in de zin dat er geen bewijs voor bestaat.

In het moderne China is TCG niet het terrein van kleurige 'praktijken' in winkelcentra, modieuze intellectuelen, en spirituele vrouwen met kralenkettingen. Hier heeft het idee van alternatieve geneeswijze een nieuwe hoogte beklommen. Er zijn universiteiten en ziekenhuizen met TCG in de naam, maar bij binnenkomst ontdek je dat de universiteiten ook niet-medische faculteiten hebben en dat de ziekenhuizen ook gewoon westerse medicijnen voorschrijven. Ik denk niet dat de Rijksuniversiteit Groningen snel de reiki-universiteit gaat worden – en tegelijk gewoon al haar oude faculteiten draaiende houdt. Er zijn uiteraard in Nederland doktoren die een reguliere medische opleiding hebben gehad en ook alternatieve geneeswijzen beoefenen, maar het is toch iets dat in vergelijking met hier in de marge blijft. In China is het een integraal onderdeel van de wetenschap en de medische sector.

Dat is lang niet altijd het geval geweest. Chinese oppositie tegen TCG begon goed op stoom te komen na de Eerste Wereldoorlog. Het laatste Chinese keizerrijk was in 1911 gevallen, na lang in verval te zijn geweest, en westerse (en Japanse) concessiesteden waren de facto kolonies aan de Chinese kust. De Republiek China – chaotisch, nationalistisch en intern verdeeld – was een teleurstelling voor velen en na een lange periode van inkeer wilde een jongere generatie Chinezen, vaak opgeleid in het Westen en in steeds groteren getale in Japan, het land moderniseren. In 1905 had Japan Rusland verslagen en realiseerde men zich dat westerse mogendheden niet onaanraakbaar waren. Op 4 mei 1919 was er een grote demonstratie die haar naam zou geven aan een moderniseringsgolf, de *wusi yudong*, de 4 Meibeweging. Veel grote namen van de 4 Mei-beweging waren uitgesproken tegenstanders van

TCG. Hoewel het politieke doel van de demonstraties anti-Japans was, wilden veel van de leiders het Japanse model kopiëren, gelijk we de afgelopen twintig jaar in China een virulent anti-Japanse politiek hebben gezien, gecombineerd met een versnelde versie van het Japanse naoorlogse model van export en groeiende technologisering. Japan moderniseerde in de jaren na de Meiji Restoratie van 1868 en nog een keer na het einde van de Amerikaanse bezetting in de jaren vijftig. China kopieerde de eerstgenoemde Japanse modernisatie in de jaren twintig en daarna die tweede, in de jaren negentig.

De 3 Mei-beweging maakt deel uit van wat de Nieuwe Cultuurbeweging werd genoemd, niet te verwarren met de Culturele Revolutie, die China meer kwaad dan goed heeft gedaan. Gedesillusioneerd vanwege de Republiek wilden deze studenten, schrijvers, ondernemers, denkers en professionals uit de middenklasse een nieuw China: de taal moest worden gemoderniseerd – het klassieke Chinees kon alleen nog maar door studeerkamergeleerden en een aristocratische elite gelezen worden – het politieke systeem moest worden afgebroken en van de grond op opnieuw opgebouwd, en ook TCG moest worden vervangen door westerse geneeskunde. Kritiek op TCG was zelfs aanwezig in de nadagen van de laatste keizerlijke dynastie: de in Japan opgeleide dokter Yu Yue publiceerde in 1890 'Over het

Afschaffen van de Chinese Geneeswijzen'. In 1910 en 1911 was er een plaag in het noordoosten van China en het branden van azijn en afsteken van vuurwerk hielp niet. Een in Maleisië opgeleide microbioloog, Dr. Wu Liente, wist de epidemie te stoppen en patiënten in een vroeg stadium te genezen. Lu Xun, China's meest geprezen moderne schrijver, ook opgeleid in Japan, voerde luidkeels campagne tegen de 'naïeve gelovigen of opzettelijke oplichters' die TCG verkondigden. Hij had zijn eigen vader bijna bankroet zien gaan in de zoektocht naar steeds zeldzamere lichaamsdelen van dieren en kruiden van hoge bergtoppen voor hun zogenaamde geneeskrachtige werking. In 1919 publiceerde hij het korte verhaal 'Medicijn', waarin een familie opgelicht wordt door een TCG-charlatan met de mededeling dat ze geneeskrachtige werking kunnen extraheren uit het bloed van een ter dood veroordeelde rebel.

Op de golf van vernieuwingsdrang zette de nationalistische regering in de jaren '20 in op radicale vernieuwing van de Chinese gezondheidszorg. In 1929 kwam er een wetsvoorstel op basis van de denkbeelden van Dr. Yu Yue, maar na lang getouwtrek met conservatieve krachten in de nationalistische beweging werd er een resolutie aan vastgeknoopt met de titel 'Gelijke Behandeling voor Westerse en Chinese Geneeswijzen'. Deze wet is, hoewel een paar keer aangepast in de tussentijd, nog steeds de basis voor alle gezondheidszorgwetgeving in Taiwan, waar de nationalisten na Chinese Burgeroorlog in 1949 hun toevlucht vonden.

Mao Zedong, wiens boerensoldaten de nationalisten versloegen en vervingen, had net als zijn voorgangers weinig met TCG. De communisten hadden ook hun wortels in de 4 Mei-beweging en hoewel hun versie van modernisering anders was dan die van de nationalisten, deelden het idee dat China hopeloos ouderwets was. Mao noemde de TCG-doktoren 'circusartiesten, marskramers en oplichters op de markt', maar de ironie wil dat het de communisten waren die de TCG haar huidige status hebben gegeven. Geïnspireerd door de werken van Dr. Yu richtten de communisten het Staatsbureau voor de Tradionele Chinese Geneeswijzen op, in een poging TCG te scheiden van de westerse, moderne geneeswijzen en tegelijk kritisch, wetenschappelijk onderzoek te doen naar de werking van TCG. Dr. Yu had TCG omschreven als geheel gebaseerd op de ervaringen van de voorgaande tweeduizend jaar, de *yingyan*, en dat er ongetwijfeld in die ervaring iets van een geneeskrachtige werking van een medicijn te ontdekken viel, maar dat veel, zo niet de meeste, succesvolle genezingen toevallig of van psychologische aard waren. Alleen met kritisch, wetenschappelijk onderzoek kon men het kaf van het koren scheiden, yingyan alleen was niet langer genoeg. De TCG-universiteiten, TCG-onderzoeksinstituten en TCG-ziekenhuizen zijn het resultaat van deze wetgeving en een tweede ironie is dat het juist deze positie van TCG in de wetenschap is geweest die haar heeft gered van de vernietigingsdrang van het 'oude en achterhaalde' van de Grote Proletarische Culturele Revolutie.

In het huidige China is TCG niet alleen populair vanwege een wijdverspreid geloof in magische kruiden en organen of lichaamsdelen van dieren, maar omdat de reguliere gezondheidszorg zo slecht is. Ik ben een paar keer noodgedwongen in een Chinees ziekenhuis geweest en ik dank de God van mijn eigen bijgeloof dat ik er levend uit gekomen ben. De behandeling is rudimentair, tenzij je bereid bent om fors geld te betalen – in een bruine envelop en direct aan de dokter, niet via een verzekering. Probeer als goed opgevoede Nederlander je Chinese omkoopsom terug te krijgen van een pennenlikker van Univé, daar plukt u zeker de vruchten niet van! Wachtruimtes zijn altijd overvol, doktoren overwerkt, verpleegsters onbeleefd, de bureaucratie verlammend en bedden vies, oud en hard. Ik dacht dat ik het toevallig slecht getroffen had, maar kijkend naar de OECD-resultaten van de Chinese gezondheidszorg moet ik concluderen dat ik geluk heb gehad. Waar andere onderdelen van de maatschappij vaak objectief verbeterd zijn tijdens de enorme economische groei, is de gezondheidszorg achtergebleven op het niveau van het ontwikkelingsland dat China kort geleden nog was. Waarschijnlijk juist omdat de Chinese gezondheidszorg in de jaren tachtig beter was dan die van de meeste landen met een soortgelijk welvaartsniveau, is de drang om te hervormen in deze sector minder geweest. Bovendien worden in democratische landen regeringen door een vaak ouder electoraat afgerekend op lange wachtlijsten, schandalen in de zorg en slecht functionerende ziekenhuizen. De Chinese regering heeft de luxe gehad dat zij alleen maar economische groei hoefde te bewerkstelligen om haar onuitgesproken mandaat te behouden. Een van de redenen voor het Chinese paniekvoetbal (niet alleen bij ADO Den Haag) met betrekking tot de economie is dat de Partij intern tot op het bot verdeeld is over een hernieuwing van het mandaat zonder hoge economische groei. In deze context is het niet te verwachten dat de vreselijk bureaucratische ziekenhuizen en de wijdverbreide corruptie in de gezondheidszorg snel door de regering Xi aangepakt zullen worden.

In discussies met Chinezen die TCG verdedigen kom ik, naast de wetenschappelijk twijfelachtige reputatie, uiteindelijk met twee argumenten die ze maar moeilijk kunnen weerleggen. Allereerst is er het feit dat sommige TCG-geneeswijzen niet alleen ineffectief zijn, maar zelfs schadelijk voor de gezondheid. In Nederland en België zijn er met vlagen schandalen rond 'kankerkruiden' en andere schadelijke TCG-medicijnen, maar hier in China kan ik in een drogist Anshen Bunao Pian pillen kopen, met 55 keer de veilige dosis kwikzilver – alsof er al zoiets is als een veilige dosis kwikzilver, denk ik dan meteen. Mijn geliefde gebruikte Zheng Tian Wan, een populair middel tegen migraine. Na wat gezoek op internet moest ik concluderen dat de enorme dosis monnikskap in dit medicijn tot hartritmestoornissen en nierafwijkingen kan leiden. Ruim 60% van de in China gefabriceerde TCG-medicijnen mag niet geëxporteerd worden naar de EU, omdat er zoveel gevaarlijke rommel in zit.

Mijn tweede argument is bekender in Nederland, namelijk het dierenmisbruik voor organen en andere lichaamsdelen in TCG-medicijnen. Waar ik lange tijd heb gewoond, in het noordoosten, is het bloed uit het gewei van een volwassen ree dat aanbevolen wordt tegen migraine en 'een zwak gestel'. In het zuiden schijnen de enorme kieuwen van een manta te helpen tegen longontsteking. Vele lezers weten dat allerlei penissen van grote dieren schijnen te helpen bij impotentie, maar de ballen van een zeeleeuw moeten werken tegen onvruchtbaarheid van de man. De dikke bruine pap die je krijgt als je de huid van een ezel kookt is goed voor je bloedsomloop en geeft de patiënt, volgens mijn buurman, 'een fijne opkikker'. In januari 2015 bleek dat te veel Chinese boeren overgestapt waren op tractors. De prijs voor de ezelhuidenpap schoot omhoog. Tegelijkertijd zag ik de aandelenkoersen dalen, dus wellicht was er ook meer vraag naar de pap, onder investeerders die een opkikker nodig hadden. De prijs van een lamsbrein fluctueert gedurende het jaar en schiet omhoog als de toelatingsexamens voor de universiteit voor de deur staan, want ouders willen dan graag de brainpower van hun kinderen opschroeven. Voor een fors gewei van een volwassen ree daarentegen, waar ik volgens de verkoper 'ruim drie maanden bloed uit kan melken', zou ik ieder moment van het jaar een gemiddeld maandsalaris voor moeten neerleggen. Het is te hopen voor de reeën in het woud achter de campus van mijn universiteit dat niet alleen de nieuwbouw wat minder wordt, maar ook het naïeve geloof de geneeskrachtige werking van TCG. Elders in het noordoosten bleken twee boeren een beer in een kooi te hebben opgesloten met een pijnlijke slang in zijn galblaas. De beer werd maandenlang gemarteld om zijn galblaas te kunnen leegpompen, want berengal is goed tegen aambeien en leveraandoeningen; wat die twee pijnlijke zaken met elkaar te maken hebben begrijp ik ook niet. Er is een lichtpuntje. Met een wetenschappelijk verantwoord erectiemiddel beschikbaar is de vraag naar penissen van verschillende dieren gekelderd – voor veel bedreigde diersoorten is de introductie van Viagra belangrijker dan het goede werk van het Wereldnatuurfonds.

Wellicht kan Dr. Tu Youyou haar plotselinge beroemdheid aanwenden om iedereen die gelooft in TCG te overtuigen van de wetenschappelijke methoden die ze zelf zo nauwkeurig heeft gebruikt om de wereld te verbeteren, met behulp van waarachtig waardevolle eeuwenoude kennis – niet met onverantwoord bijgeloof.

De korte geschiedenis van mijn tijdelijke baard

In januari 2010 was ik op zoek naar een kerk in Changchun, in het noordoosten van China. En mijn Chinees was niet goed genoeg om naar een Chinese dienst te gaan. Er bleek voor buitenlanders een redelijke selectie te zijn, zeker als je bedenkt dat de stad niet erg ontwikkeld is. Er waren twee katholieke mogelijkheden, eentje in de lokale kerk en eentje in een zaaltje boven een restaurant dat bekendstond om zijn Koreaanse barbecue. De priester was een Zuid-Koreaan die in China was op een studentenvisum. Dat klonk niet helemaal koosjer, maar dat is een andere religie. De student die ook priester was, zag er prachtig en statig uit en paste helemaal niet in de kamer met een laag plafond en op de muur stickers van Disney's Little Mermaid. Ik weet niet of de zeemeermin de staties van het kruis uitbeeldde, maar de mis was plechtig, hoewel enigszins teniet gedaan omdat we beneden de mensen kon horen eten en drinken, zaken die in China niet erg stilletjes gebeuren. Ik vroeg me af wat de gasten dachten van het gezang dat van boven kwam, als een engelenkoor boven de barbecue.

Ik ben van huis uit katholiek en heb nogal wat zijpaden bewandeld voordat ik terugkeerde naar de warme roomse omhelzing. De kleine, gesloten parochie van ondergrondse, maar boven de barbecue zingende katholieken was mij toch iets te orthodox en als je lid wordt van een heel kleine groep, dan kan je nooit eens ongemerkt een zondag overslaan.

De Engelstalige mis in de Chinese kerk was een redelijk alternatief. Gastarbeiders van de Filipijnen zaten op de voorste banken en zongen het luidst, verder een Mexicaanse dokter, een Frans gezin waarvan de vader meestal in Beijing moest werken, een paar studenten uit Afrikaanse landen en een regiment Duitsers uit Beieren, allemaal op een of andere manier verbonden met Volkswagen, die een enorme fabriek in Changchun heeft. De Duitsers waren het minst op hun gemak en wegens lengte en haarkleur hoopvol dat ik een van hen was. Misschien dat ze met mij in de banken net iets talrijker waren dan de Filipijnen, maar nog steeds niet luider. Het was een hele nette mis, maar ik denk dat het gros van de aanwezigen de preek van de Chinese priester niet kon volgen. De arme man had een zwaar accent en zijn 'church' werd 'churchah', waardoor ik eerst dacht dat het over Churchill ging. God zij dank hebben wij katholieken niet zoveel met de preek.

Ik zeg wij, maar ik ging die winter toch weer op de zijpaden die ik vroeger zo graag afstruinde. Twee kerken waren duidelijk gebaseerd op het evangelische, charismatische geloof waar ik een moeilijke relatie mee heb. Ik vind het een heel intens en mooi geloof, maar meestal denk ik ook dat het enorm simpel en naïef is. En als je dan tot de conclusie komt dat het geloof een toneelspel is, dan ga je toch weer terug naar de katholieken, want daar zijn de decors en acteurs toch beter. Als je gemeenschap zoekt, dan zit je goed bij de Koreaanse barbecue of bij de charismatische *happy-clappy* Amerikanen – ik hoorde alleen maar Amerikaanse accenten, maar weet nu dat er maar liefst drie verdwaalde Zuid-Afrikanen naar deze kerk gaan – met hun veel te jong getrouwde Chinese echtgenotes. Het is een paradox dat de charismatische kerken materialistisch en fundamentalistisch zijn. Je verwacht spirituele inzichten en je krijgt een letterlijke lezing van de Bijbel. Harry Kuitert noemt het geloof een serieus spel en ik heb altijd gezocht naar de juiste balans van de serieusheid en het besef dat je je mag verliezen in een illusie. Ik heb zelf die illusie gevonden in de katholieke kerk en het is net serieus genoeg.

De Engelstalige mis werd een vaste prik die winter en al snel herkenden de gelovigen mij en groetten ze mij met een beleefde knik. Maar gemeenschap was er niet. Na de mis schoot iedereen de barre kou in. De Duitsers klommen in grote auto's en ronkten weg, de Filipijnen wachtten op de bus en de Afrikaanse studenten bleven achter om op te ruimen. Ik had meestal om de hoek van de kerk snel een taxi, maar op een bijzonder koude middag had ik geen succes en ik liep als een pinguïn op de ijzige stoep langs de weg, op zoek naar een taxi. Bij een stoplicht stopte Anja, een Duitse dame die ik net in de kerk had gezien. Ze vroeg, in het Duits, waar ik naartoe moest. Ik antwoordde, in het Engels, dat ik een taxi zocht, uiteindelijk moest ik naar een wijk die Jingyue heette. Anja bleek niet ver van mijn huis haar boodschappen te doen en dus kreeg ik een lift. Haar Engels was net zo goed als mijn Duits, dus het werd een moeilijk gesprek, maar toch niet ongemakkelijk. Bij haar Duitse supermarkt stapte ik uit en wist voor het laatste stukje een taxi te bemachtigen. Anja bleef natuurlijk een praktische Duitse, dus omrijden voor een lift helemaal naar huis zat er niet in. *Klar*.

Belangrijker voor dit verhaal is dat de mis mij een reden gaf om me te scheren. Ik heb nooit begrepen hoe de baard zo in de mode is geraakt; ik was zelf altijd klassiek geschoren. Mijn vader had mij een elektrisch scheerapparaat cadeau gedaan en dat heb ik trouw gebruikt tot er een mesje brak en ik een enorme jaap op mijn wang had. Ik was 22. Gedurende de tien jaar daarna gebruikte ik mijn eigen scheerapparaat, een echte Philishave, trouw en met zorg, tot een vriendinnetje mij eindelijk overtuigde om me nat te gaan scheren en hoewel zij uit mijn leven is, zijn de rituelen met zeep, mesjes, natte doeken en geurende balsem gebleven. Maar niet in die winter. Niet tijdens mijn tweede winter in het aan Siberië grenzende noordoosten van China.

Mijn universiteit had geen huisvesting voor mij op de campus, zoals ik oorspronkelijk had afgesproken tijdens mijn drie sollicitatiegesprekken via Skype. Omdat ze niet genoeg colleges voor me hadden, moest ik ook op een middelbare school les gaan geven en om het heen en weer reizen nog vervelender te maken dan het al was, kreeg ik een klein appartementje dat al niet dicht bij de universiteit lag, maar nog veel verder van de middelbare school. En de badkamer had 's avonds geen warm water. Vraag mij niet waarom, want ik heb het zelf meerdere keren aan een meisje van het internationale bureau gevraagd en ik denk nu dat het iets te maken had met een pijp. Verder ben ik niet gekomen.

's Ochtends even douchen en haar wassen gaat nog wel. 's Avonds een handje koud water op je gezicht gooien en tanden poetsen is ook best te doen. Laten we wel wezen, een man alleen went redelijk snel aan een nieuwe omgeving als hij een computer, een koelkast en een magnetron heeft. Maar mijn hele scheerritueel lag aan duigen en ik had door mijn vervelende rooster en de lange reis naar het werk geen zin om mij 's ochtends te scheren. De enige dag dat ik uit kon slapen en tevens de tijd had om me te scheren was op zondag, want de Engelstalige mis was – halleluja – in de middag en slechts drie kwartier reizen met de taxi. Dat klinkt lang, drie kwartier, maar dat was niets in vergelijking met mijn dagelijkse ritten van huis naar campus en van middelbare school naar huis. In deze stad van zeven miljoen mensen kun je stellen dat de kerk bij mij in de buurt was. Dus zo werd zondag mijn scheerdag en hoewel ik aan het einde van de week imposante stoppels had, was het zeker geen baard. Glad en geurig ging ik iedere zondag ter communie, tot de kerk tijdelijk geen Engelssprekende priester had.

Zonder een excuus om op te staan en me te scheren ging mijn zondag voorbij met wat ik probeerde te rationaliseren als voorbereidende werkzaamheden voor de colleges. Lezen, e-mailen, een beetje rondhangen en niet scheren. Al snel had ik een baard die me in Nederland enig hipster-respect op zou hebben geleverd, maar in China zie je niet veel baarden. Er was een Chinese docent op de middelbare school die heel hard had gewerkt aan een klein geitenbaardje dat hem ongetwijfeld veel respect opleverde, aangezien hij kunst doceerde. Hij is de enige Chinees die ik tot die tijd had ontmoet met iets van een baard en al snel was mijn baard een stuk dikker en langer dan wat hij kon klaarspelen. Als ik in Amerika had gewoond, zou ik de eigenaar van een *craft beer* café zijn. In Nederland zou men denken dat ik bij Starbucks werk of een reclamebaan heb. In China was ik een docent, maar nu was ik een hippe docent.

De baard bleek erg interessant te zijn voor een categorie Chinese meisjes die mij eerder geen blik waardig hadden gekeurd. De nette meisjes met hun dikke brillen en paardenstaarten hadden mij eerder wel gezien, maar nu kreeg ik blikken van meisjes met blauwe strepen in hun haar, met zichtbare tatoeages en leren jasjes. Dit soort meisjes zie je niet vaak in China, waar 'meisjesachtig' het uitgangspunt is, zelfs voor moeders. Ik heb vrouwen van in de veertig met een Mickey-Mousejas zien lopen, maar meisjes met attitude, die waren zeldzaam. Het waren wilde meisjes, dacht ik, en op een avond had ik een 'date' met een van de mooiste meisjes, dat mijn nieuwe uiterlijk bleek te waarderen. Ze had het wildste piekhaar dat ik ooit had gezien en het paste goed bij haar onverstoorbaar coole gezicht. Ik nam haar mee naar een Duitse bierbar. Vanwege de eerder genoemde fabriek van Volkswagen en een algemene interesse in bier onder de Chinezen kan je in Changchun veel van dit soort bars vinden. Er hing een Duitse vlag aan het plafond. De Chinese serveersters hadden geen borsten om over naar huis te spreken, dus droegen ze Oostenrijkse kledendracht zonder de Oostenrijkse gleuf. Het was een enorme teleurstelling, maar zij vond het prachtig, op de coole manier waarop die generatie iets prachtig vindt: 'Mwah, gaat wel.' Ik haalde even mijn hand door mijn baard en vroeg of ze hier wilde blijven of elders heen wilde gaan. Haar ogen waren gefixeerd op mijn baard en zei fluisterde dat ze wilde blijven. Ik bestelde bier en snacks en begon een gesprek. Toen ik nog gladgeschoren was, waren dit soort gesprekken beleefd en enigszins afstandelijk, maar nu kon ik eindelijk praten over de nutteloosheid van het leven.

De avond ging uitstekend voor me, want haar Engels was goed en mijn baard was vol, tot Anja binnenkwam, met haar man Gerhard.

'Alexander! Ik had je bijna niet herkend met die baard.' Nu verwachtte ik niet van Duitsers dat ze zich met anderen bemoeien, dus ik dacht dat ik Anja en Gerhard snel kwijt zou zijn, maar het bleek dat Anja onlangs nog aan mij gedacht had, want er was weer een priester voor de Engelstalige dienst en ik moest toch echt weer komen. Die zondagochtend zette ik mijn mes in de baard en met het meisje is het nooit iets geworden. De man onder de baard vond ze niets en ik was uiteindelijk ook niet iemand om een Chinees meisje met wild piekhaar te temmen.

Dat zou het einde van mijn baardverhaal moeten zijn, en in principe is de baard nu weg en nooit meer teruggekomen. Maar het meisje met het piekhaar heb ik later nog één keer gezien. Ik zat in een restaurant met wat vrienden. Ze herkende me niet zonder baard, maar ik herkende haar meteen zonder piekhaar, een prachtig sereen en onverstoorbaar gezicht dat nog mooier was met een strak boblijnkapsel. Ze liep met een lange, dunne jongen in een slechtzittend pak naar boven. Een van mijn tafelgenoten gooide nog wat pittig lamsvlees in mijn schaal en presenteerde me een nieuw flesje bier. Na een paar happen van mijn Koreaanse barbecue hoorde ik engelachtig gezang van boven komen.

Van de halve hemel tot de bloemenvaas

In 2007 liet het staatspersbureau Xinhua weten dat journalisten werden uitgenodigd om te schrijven over de veranderende positie van de vrouw in China. Dit soort uitnodigingen kan je als journalist maar beter niet negeren, dus mijn vriend Liu Aiwen begon trouw op te schrijven wat Xinhua met de Chinees-sprekende wereld wilde delen. Voor een glossy tijdschrift schreef hij een stuk dat hij zelf omschreef als 'licht en lekker leesbaar': Acht Makkelijke Stappen om Geen Overgebleven Vrouw te Worden. Hoewel makkelijk leesbaar, zelfs met mijn beperkte Chinese woordenschat, vond ik de toon verre van licht. Een overgebleven vrouw is iemand van 27 of ouder die nog niet getrouwd is. Dat is sowieso al een zwaar onderwerp in een land waar het huwelijk de hoeksteen van de samenleving is, gelijk een natte droom voor een CDA-leider. Het feit dat Xinhua journalisten 'uitnodigde' om hierover te schrijven was een teken dat de Partij liever geen ongetrouwde vrouwen ziet rondlopen. In een land waar een goede opleiding bijna net zo belangrijk is als het instituut huwelijk, waren de meisjes volgens de Partij te kritisch geworden. Het 'lichte' artikel wees op de negatieve werking van de 'drie hoge obsessies': 'hoger onderwijs, een hoge status en een hoog salaris'. Deze drie obsessies zouden een gelukkig huwelijk in de weg staan. 'Een ambitieuze jongeman die met hard werken en instinct een bijdrage wil leveren aan het succes van zijn moederland, is niet geïnteresseerd in een vrouw die haar eigen loopbaan boven die van hem zet.' Er zijn zoveel manieren om deze zin te analyseren dat je bijna niet weet waar te beginnen. Wat als de vrouw met hard werken en instinct een bijdrage wil leveren? Of is de suggestie hier dat alleen mannen zakelijk instinct hebben? Het hoge percentage succesvolle *selfmade* zakenvrouwen in China suggereert het tegendeel. En waarom mannen niet bekritiseren voor hun wens om hun loopbaan boven die van hun vrouw te plaatsen?

Een andere vermaning in het artikel was dat vrouwen, 'verleid door decadente westerse ideeën te veel gericht zijn op hun eigen consumptie en status', niet in staat zijn om 'zich nederig op te stellen voor de familie en vrienden van een potentiële echtgenoot.' Tegenwoordig komt de kritiek op 'westerse ideeën' in de eerste paragraaf van een artikel, maar in de eerste jaren van het nieuwe millennium was de sfeer nog niet zo antiwesters. En toch kon de schrijver van dit artikel er niet omheen. Die moderne vrouwen hebben veel te veel 'westerse ideeën'. Ons eigen heerlijk calvinistische landje heeft ook weinig met uitbundige consumptie, hoewel we het fenomeen mondige vrouwen inmiddels bijna allemaal wel hebben geaccepteerd. Hier in China durfde mijn eigen geliefde lange tijd geen beslissing te nemen voordat ze wist wat mijn voorkeur was, maar nu zegt ze wat ze denkt en ze ervaart het als een bevrijding. Liu Aiwen vindt haar 'een prachtvrouw', maar zou dat nooit in zijn tijdschrift kunnen schrijven. Hij waarschuwt in zijn 'lifestyle- artikelen' zijn vrouwelijke lezers nog steeds voor 'de onterechte trots' en het 'bekritiseren van de man'. Als ik hem vraag naar zijn eigen mening over de perfecte vrouw haalt hij zijn schouders op. 'Ik schrijf wat Xinhua wil lezen, niet wat vrouwen willen lezen. De Chinese media kennen geen vrije markt, alleen heel veel keuze van hetzelfde.'

Het archetype van de nederige vrouw is geen communistisch idee, maar komt van veel dieper in de Chinese geest, ongetwijfeld beïnvloed door het conservatisme van Confucius en de inherente ongelijkheid die je overal ter wereld in plattelandsgemeenschappen kunt zien. De Britse schrijver Matt Ridley suggereert in zijn *The Rational Optimist* dat de systematische onderdrukking van vrouwen begon met de komst van georganiseerde landbouw en daarom nog steeds cultureel bepaald is in regio's waar de landbouw vroeg begon en wijdverbreid was. Het is waarschijnlijk een generalisering, maar het is ongetwijfeld dichter bij de waarheid dan wat Chinese kinderen op school leren. Het nieuwe geschiedenisboek dat sinds 2012 op middelbare scholen wordt gebruikt, presenteert de Chinezen een unieke analyse van de positie van de vrouw. Met een knipoog naar het confucianisme prijst het schoolboek de wijsheid van de Chinese oudheid en de vrouw als raadgever en partner. Met een Chinese interpretatie van Marx haalt het boek vervolgens uit naar de corrupte landeigenaren die voor de revolutie van 1949 de bevolking als een 'productiefactor' zagen voor hun opulente levenswijze. Na een paragraaf over hoe Mao het denken van Marx en Lenin heeft uitgewerkt 'tot het hoogtepunt van inzicht en praktisch toepasbaar op de behoeften van het Chinese proletariaat', volgt de bekende uitspraak van de Grote Roerganger: 'De vrouw draagt de halve hemel op haar schouders.' De plattelandsvrouw met haar simpele geest, haar fysieke kracht en haar androgene aantrekkelijkheid was voor Mao en de kameraden van het eerste uur de ideale revolutionaire strijdster en loyale echtgenote. Met de ontwikkeling van de economie en de groei van de steden veranderde dat. Vrouwen zelf zagen niet langer kort haar, rode wangen en een rood sjaaltje als hun ideaal, maar westerse kapsels, een rode sportwagen en een iPhone werden de nieuwe symbolen.

Gevoelsmatig schrikt de moderne stadsvrouw nogal wat mannen af. Na een uitbundige afstudeerceremonie en veel *baijiu* – een sterke drank die in China bij alle speciale gelegenheden op tafel komt – vertrouwde een jongeman mij toe dat hij al een baan had als juridisch adviseur voor een staatsbedrijf. Hij had jarenlang hard gestudeerd en voor meisjes had hij weinig tijd gehad. Zijn vader 'hield zijn studie in de gaten' en ik wist van zijn vrienden dat zijn moeder tegelijkertijd een argwanend oog op zijn bedtijd en (gebrek aan) sociaal leven had gehouden. Een intelligente, verlegen en een beetje stuntelige jongen die nog nooit echt een vriendinnetje had gehad moest nu 'een paar jaar hard werken en dan een meisje van het platteland' zoeken. Hij vulde mijn glas weer en boog zich naar mij toe met: 'Moge uw leven in China vele malen eenvoudiger zijn dan dat van ons!' Het was een wat vreemde toost, maar ik heb geleerd dat je maar het beste mee kan doen met alle keren dat het glas geheven wordt. Hij sloeg een arm om mij heen. 'Mijn ouders kopen een huis en een auto voor mij van hun allerlaatste centen, maar een stadsmeisje vindt het huis niet groot genoeg en de auto niet luxe genoeg. Een meisje van het platteland is eerder tevreden, is altijd nederig en is allang blij dat ze naar de stad kan komen.' Aan de tafel zaten meer afgestudeerde meisjes dan jongens, maar iedereen moest lachen. *In baijiu veritas.*

Van een van zijn vrienden hoorde ik laatst dat hij inmiddels is gescheiden van zijn plattelandsvrouw.

In 2011 las ik weer een artikel over de overgebleven vrouwen, dit keer in een staatskrant. 'Het tragische feit is dat vrouwen zich niet realiseren dat hun waarde afneemt als ze ouder worden.' Waar Liu Aiwen zijn lezeressen materialisme verweet, wordt hier de vrouw in financiële termen verteld wat ze waard is. 'Tegen de tijd dat ze een MA of PhD hebben zijn ze oud, als vergeelde parels.' Dit artikel was minder leesbaar en absoluut niet 'licht'. Hier werd met een botte bijl gehakt. Veel van mijn mannelijke studenten hebben niet direct een probleem met de leeftijd van een hoogopgeleide vrouw, maar 'als een vrouw beter opgeleid is dan jij, dan leid je gezichtsverlies naar je vrienden en familie'. Meestal zeg ik dat ze juist trots kunnen zijn op zo'n vrouw en een keertje werd mij als reactie vriendelijk verteld dat 'westerse mannen al lang geleden onderworpen zijn door hun vrouwen'.

De jaarlijkse terugkeer naar huis voor Chinees Nieuwjaar is voor alleenstaande vrouwen altijd een nachtmerrie. Iedereen wil weten of je een vriend hebt en zo ja, wanneer je gaat trouwen. En als je dan getrouwd bent, dan willen ze weten wanneer je kind eraan komt. Mannen ervaren die druk ook, maar in mindere mate.

Met de economische hervormingen en het nieuwe hyperkapitalisme was er snel een slimme zakenman die geld zag in de gekte rond Chinees Nieuwjaar. Jongens konden een vriendin huren, geen callgirl, maar een net meisje datje mee naar huis kon nemen en aan je ouders voor kon stellen op Chinees Nieuwjaar. Andersom kon ook en 'overgebleven vrouwen' waren een belangrijke inkomstenbron voor de huurvrienden die tijdens Chinees Nieuwjaar werden ingezet. Maar er wordt soms ook teruggevochten. In 2016 zag ik een poster in een metrostation in Beijing. Op de poster een lief meisje met rode wangetjes, omringd door de symbolen voor het nieuwe jaar: vuurwerk en potten met goud voor een voorspoedige toekomst. 'Vader, moeder, maak je geen zorgen dit nieuwe jaar. Een alleenstaande is ook gelukkig.' En een nummer dat alleenstaanden of hun ouders konden bellen voor geruststellende woorden.

De Amerikaanse sociologe Leta Hong Fincher beschrijft in haar boek over overgebleven vrouwen, *Leftover Women*, hoe de Partij sinds de jaren '50 een groot voorstander van vrouwenrechten was. Mao Zedong heeft China vernietigd, maar de positie van de vrouw is tijdens die destructieve periode wel verbeterd. Vanaf de regeerperiode van Hu Jintao begon dit beleid te veranderen en na een periode van nieuwe beleidsvoorstellen, kantelingen in de propaganda en aanpassingen van de wet, werd duidelijk dat machtige facties in de Partij het erover eens waren dat de 'vrouw op haar plaats moest worden gezet'. Het resultaat is inmiddels te zien. In 1990 verdiende de vrouw in de Chinese steden 78% van het gemiddelde salaris van de man. In 2010 was dat naar beneden gegaan, 67%. De meest recente cijfers van een aantal steden laten zien dat de gemiddelde salarissen van mannen meer omhoog zijn gegaan dan die van vrouwen. Het aantal werkende vrouwen is ook gedaald, van 77% in 1990 naar 61% in 2010.

Dat was wel anders tijdens de jaren kort na de revolutie. Een van de eerste voorstellen die Mao Zedong met applaus door het nieuwe communistische parlement jaagde, was een nieuwe huwelijkswet. De vrouw kreeg het recht om te scheiden en om op eigen naam land en een woning te bezitten. Anders dan in de Sovjet-Unie, waar de vrouw gedurende de ups and downs van het Russische socialisme steeds meer vrijheden opeiste én kreeg, werd de vrijheid om te scheiden in China snel weer ingeperkt en met de rampzalige maoïstische collectivisering was het eigendomsrecht ook niets meer waard. Desalniettemin, tijdens de regeerperiodes van Mao Zedong, Hua Guofeng en Deng Xiaoping, de Heilige Drie-eenheid van de Revolutie, hadden vrouwenrechten een belangrijke plaats in de partijideologie en propaganda.

Het waren uiteindelijk het hervormingsbeleid van Deng en die door Mao verketterde vrijemarktwerking die vrouwen de vrijheden gaven die ze begeerden. In 2010 had 26% van de stadsvrouwen een universitaire opleiding. Op verschillende universiteitscampussen waar ik de afgelopen jaren heb rondgelopen, zie je meer meisjes dan jongens en hun examenresultaten zijn regelmatig hoger dan die van jongens. Een collega vertelde mij verleden jaar dat onze faculteit flexibeler is in de toelating van jongens in vergelijking met meisjes. In de praktijk betekende het dat jongens met lagere middelbareschoolresultaten binnen kunnen komen dan meisjes. Ook tijdens hun collegetijd worden jongens voorgetrokken en studenten zelf vertellen me regelmatig dat jongens zoveel meer druk van hun familie ervaren en dus wat meer begrip verdienen.

Tijdens de hoogtijdagen van het maoïsme waren praktisch alle vrouwen getrouwd, ondanks het relatief vrouwvriendelijke regeringsbeleid. Pas sinds de economische en sociale veranderingen van de afgelopen vijfentwintig jaar waren ermeer vrouwen alleenstaand, gewensd of ongewensd. De Partij zag dat met lede ogen aan en met het ideologisch wegglijden van het maoisme zijn oude patriarchale instincten terug in de maatschappij gekropen. 'Het is beter voor de maatschappij als mensen trouwen en de hoogopgeleide vrouwen zijn de moeders die China nodig heeft,' schrijft Leta Hong Fincher. 'De Partij wil *kwaliteitskinderen* en daarvoor moeten de overgebleven vrouwen aan de man.'

Er zijn overigens genoeg mannen van lage kwaliteit die ook over zullen blijven, maar zij hebben een andere naam: *kale takken*. Vanwege een culturele voorkeur voor jongetjes, ruime beschikbaarheid van abortus en de eenkindpolitiek die tot januari 2015 met name in de steden stringent werd nageleefd, zijn er meer alleenstaande jongens dan meisjes. De grote golf alleenstaande jongens moet nog komen, een demografische uitdaging voor de centrale planners. Kale takken zijn de takken in de familieboom die geen nieuwe kinderen zullen krijgen. Vanwege de demografische tijdbom van een enorm contingent onhuwbare mannen zullen alleen de mannen van kwaliteit concurreren om een vrouw in de wacht te slepen. In 2025 kan je heel Nederland vullen met huwbare Chinese mannen die in eigen land geen vrouw kunnen vinden en dan nog hebben de Chinese vrouwen meer dan genoeg keuze. Goed nieuws als je wilt investeren in computerspelletjes, pornografie of prostitutie, maar terecht schrijft Leta Hong Fincher dat de overgebleven mannen het echte probleem vormen, niet de overgebleven vrouwen, 'maar de komst van zoveel kale takken maakt het des te belangrijker dat alle beschikbare vrouwen trouwen en terug naar de keuken keren, zodat die alleenstaande mannen in ieder geval werk kunnen vinden'.

In China weet de Partij de vreemdste organisaties voor haar karretje te spannen. Na de 'uitnodiging' van Xinhua aan de journalisten begonnen online datingwebsites 'spontaan' hun homepages aan te passen, met waarschuwingen voor vrouwen om 'niet te lang te wachten met het zoeken van een echtgenoot'. Onroerendgoedmagnaten deden ook een duit in het zakje en overal waren opeens advertenties voor nieuwe woningen voor pasgehuwden. Het was een gecoördineerde actie, zodat alleenstaande vrouwen zich ongemakkelijk gingen voelen. Aan de andere kant van de huwelijksmarkt werd het bovendien ingewikkelder om te scheiden. Hoewel China nog steeds een van de landen is waar scheidingsprocedures het eenvoudigst en goedkoopst zijn, is ook op dit gebied de positie van de vrouw penibel geworden. In 2011 besloot het Volkshooggerechtshof dat in geval van scheiding bezit terug kon keren naar degene op wiens naam het ooit gekocht was. In een land waar de familie van de man traditioneel een woning aanschaft voor het jonge echtpaar, trekt de vrouw snel aan het kortste eind. Ongeveer 30% van de getrouwde vrouwen in de steden die zo snel zijn gegroeid, bezitten hun woning officieel samen met hun echtgenoot. Het overgrote merendeel heeft haar naam niet op de eigendomsakte staan.

Het was uiteraard te verwachten dat met de veranderingen in de maatschappij de scheidingspercentages zouden schieten, ondanks de financiële nadelen die er voor veel vrouwen aan vast zitten, maar het is bijzonder dat men, in tegenstelling tot bijvoorbeeld Nederland, niet tegelijk een dalend aantal huwelijken ziet. Het culturele taboe rond scheiding is ook minder dan vroeger, maar het belang van het huwelijk is er niet minder om geworden. President Xi Jinping reist tegenwoordig met zijn tweede vrouw de wereld af en het is mogelijk om dit op het Chinese internet te melden zonder dat het door de censor verwijderd wordt. Echter, als iemand in Hongkong een boek aan het schrijven is over de andere vrouwen in het leven van de president, dan wordt hij onder merkwaardige omstandigheden naar het vasteland afgevoerd, sommige mensen zeggen 'gekidnapt', om het zwijgen te worden opgelegd. Dit gebeurde in januari 2016 en op het Chinese Internet werden vervolgens de karakters voor de naam van de schrijver en de boekhandelaar, alsmede de karakters voor 'Xi Jinping's liefdesleven' meteen door de censors verwijderd van Weibo, de Chinese versie van Twitter. Op de Chinese zoekmachine Baidu levert 'Xi buitenechtelijke relatie' een melding op die iedere internetgebruiker hier kent:

'deze zoekterm is om politieke redenen niet mogelijk'. Puriteins of politiek?

De financiële nadelen rond scheiden zullen zeker een rol spelen in de kwestie van geweld binnen het huwelijk. Pas vorig jaar werd huiselijk geweld een misdaad in China en dan nog ligt de bewijslast bij het slachtoffer. Ook is niet duidelijk of het aanpakken van dit soort misdrijven hoog genoeg op de prioriteitenlijst staat, zeker in vergelijking met de conservatieve campagnes voor het huwelijk. In het voorjaar van 2015 werden vijf vrouwelijke activisten opgepakt die wilden protesteren voor vrouwenrechten en, onder andere, tegen geweld binnen het huwelijk. Hoewel ze alle vijf vrij zijn, worden ze nog steeds in de gaten gehouden door de politie en kunnen ze niet vrij reizen. Op Twitter waren de #FeministFive kortstondig beroemd, maar hun zaak komt te weinig onder de aandacht, zeker binnen hun eigen Volksrepubliek.

Een van de #FeministFive, Li Tingting, vertelde mij na haar vrijlating 'op een borgtocht die ieder moment ingetrokken kan worden', in mei 2015, dat de aandacht hartverwarmend was, maar dat de vluchtigheid van de moderne wereld 'niet geschikt is voor een worsteling die jaren, decennia, generaties zal gaan duren'. Li vertelde mij dat ze als kind van haar moeder hoorde dat ze ooit een goede bloemenvaas zou worden voor een fijne man. 'Een bloemenvaas is een Chinese metafoor voor een vrouw die netjes, mooi en beschaafd is. Iets waar een Chinese man mee kan pronken. Ik wil geen bloemenvaas zijn. Dan liever een vrouw die eerlijk 'overblijft' met een andere vrouw!' Op Li Tingtings boekenplank een foto waarop ze haar vriendin op de mond kust, twee foto's van haar ouders en eentje van Cai Ingwen, de in vrije verkiezingen gekozen vrouwelijke president van Taiwan, het eiland dat door de Volksrepubliek als een opstandige provincie wordt gezien. President Cai, een 'overgebleven vrouw'. Zij is ongetrouwd en had ooit als grap op haar Facebookpagina de uitspraak 'waarom een heel varken kopen als je alleen de worst wilt?'

'Ik heb vertrouwen in het Chinese volk,' zegt Li Tingting, als we gedag zeggen. Ze loopt met mij mee naar de taxistandplaats, want ze gaat zelf naar het Centrum voor Vrouwenrechten voor een volgend interview, ditmaal in een hele groep. Ditzelfde centrum, dat in 1995 met veel bombarie werd geopend als een teken dat Beijing na het neerslaan van de studentenrevolutie van 1989 wat meer ruimte en vrijheid ging bieden, werd begin 2016 door de overheid opgedoekt. In 1998 bezochten Hillary Clinton en de toenmalige Amerikaanse minister van Buitenlandse Zaken, Madeleine Albright, het centrum. Clinton noemde het centrum indertijd een doorbraak voor de vrouwenrechten. Albright sprak over een 'mijlpaal in de ontwikkeling van de rechtsstaat in China met vernieuwend en moedig werk'. Aan de vernieuwing is nu een abrupt einde gekomen; de moed blijft. In Xi's China is er geen ruimte voor organisaties die niet onder de Partij vallen. Li Tingting heeft nog steeds vertrouwen in het Chinese volk, maar niet in de huidige president. 'Er is zoveel repressie. Ik weet niet waar ik moet beginnen,' vertelt ze me via een tekstberichtje op de telefoon. 'Misschien moeten we een generatie wachten op een verbetering. Of twee generaties.'

Overigens is het in de Volksrepubliek China nog helemaal niet zo slecht gesteld met de positie van vrouwen, als je het vergelijkt met buurlanden. Zuid-Korea en Taiwan hebben wel vrouwelijke leiders, maar kennen een enorme discriminatie van vrouwen op de werkvloer. Japan is een van de weinige landen waar de emancipatiecommissie in 2015 geen enkel vrouwelijk lid telde. En Nederland kan nog heel wat leren van de arbeidsparticipatie en het ondernemerschap van vrouwen in China. Bovendien vechten vrouwen in China terug met ludieke acties tegen discriminatie. Een van die manieren is een typisch Chinese manier om een geuzennaam te claimen. Vanwege het homofone karakter van het Chinees kunnen vele karakters dezelfde of een soortgelijke uitspraak hebben; met een paar penseelstreken of tikken op een toetsenbord is 'overgebleven vrouwen' veranderd in 'triomfantelijke vrouwen'. Het klinkt bijna hetzelfde en alleenstaande vrouwen hebben de titel trots geclaimd. Dat is wel wat anders dan een Volkskrantbijlage met Lekker Single!

Manchester aan de Yangtse

De Noordwestelijke Universiteit van Politieke Wetenschappen en Recht, in Xi'an, heeft een van de vooraanstaande rechtenfaculteiten van de Volksrepubliek. Samen met een paar andere instituten staat zij wat betreft kwaliteit en prestige net onder de beroemdste, die van de Universiteit van Peking. Toen ik werd aangenomen om voor een Brits samenwerkingsprogramma van deze universiteit de studenten voor te bereiden, was ik enorm vereerd om te gaan werken met gemotiveerde toekomstige advocaten en rechters. In mijn verbeelding kwamen ze en masse naar mij toe om alles te leren over een van de mooiste en belangrijkste rechtssystemen ter wereld, British Common Law. Vervolgens zouden zij in Groot-Brittannië leren hoe hun eigen systeem vol gaten en fouten zat, want hun vervolgstudie was niet zomaar ergens: de samenwerking was met de Universiteit van Glasgow. Jawel, ik zou studenten opleiden voor de alma mater van Adam Smith, een van mijn intellectuele helden! Ik was verrast en ook een beetje teleurgesteld dat studenten het programma hadden gekozen om uiteenlopende redenen. Geen van die redenen hadden iets te maken met mijn liefde voor het Britse rechtssysteem of met Adam Smith. Natuurlijk gingen de studenten naar het buitenland om vervolgens een betere positie op de Chinese arbeidsmarkt te krijgen. Maar waarom Groot-Brittannië en niet een van de andere landen waar de universiteit mee samenwerkte? Vanwege Benedict Cumberbatch, prins William en prinses Kate, Harry Potter, en… Chelsea.

Xin, een 24-jarige studente commercieel recht in Glasgow, heeft speciaal een vervolgstudie in Groot-Brittannië gekozen om haar club te zien spelen, Chelsea. Naar eigen zeggen was ze een van de eerste Chinese fans van de Britse club. Xin had twee andere mogelijkheden voor een vervolgstudie, in Australië en in Canada. 'Allebei mooie landen, maar ik wilde toch naar Groot-Brittannië, vanwege Chelsea.' Xin was een van de studenten aan de Noordwestelijke Universiteit die een Britse masterstudie verkoos boven andere internationale programma's. Vanwege Chelsea. Ik vroeg Adam Smith om het haar te vergeven, omdat ze niet wist wat ze deed.

Xin is absoluut geen uitzondering. Xuen is 25 jaar oud en een fan van Bayern München. Twee jaar geleden trouwde ze met een Duitser en kwam haar droom uit: een thuiswedstrijd van haar team bijwonen. Haar man houdt niet zo van voetbal. 'Dat heb ik nou net, tref ik die ene Duitser die niet van voetbal houdt,' zegt ze lachend. De Beierse club heeft viereneenhalf miljoen fans op het sociale netwerk Weibo. Dat is drie miljoen meer dan er in heel München aan inwoners zijn te vinden. Maar Bayern is niet alleen. Manchester, de stad met ruim een half miljoen inwoners en de thuisbasis van twee grote voetbalclubs, United en City, is een begrip in heel China. Er wonen meer fans van Manchester United aan de Yangtse dan aan de Irwell. Manchester United heeft dertien miljoen Chinese fans op Weibo, Manchester City ruim negen en een half. Overigens is Xuen niet alleen fan van Bayern, ze is ook fan van een lokale club, Shanghai Shenhua. Mochten de twee clubs ooit tegen elkaar komen te spelen, dan wordt het moeilijk. 'Ik steun het beste team en dat is München, maar ik ben ook Chinees... Nee, toch München. Ik houd er niet van om aan de verliezende kant te staan!'

Zelf ben ik geen voetbalfan, maar als ik een Chinees in een T-shirt van Oranje zie lopen, voel ik toch wel even iets van nationale trots. Dat duurt meestal niet lang. Een van mijn privéstudenten die mijn diensten had ingehuurd om zich voor te bereiden op de zware mondelinge examens van de Universiteit van Singapore droeg op een zonnige zaterdagochtend een blauw T-shirt met de oranje leeuw en de letters KNVB.

Ik liet hem weten dat ik het leuk vond dat hij dat T-shirt droeg en vroeg of hij het speciaal voor mij had aangetrokken. Hij keek mij vragend aan en zei alleen iets over de warme temperatuur in mijn klaslokaal annex kantoor. 'Nou,' zei ik. 'Omdat ik Nederlander ben...' Nog steeds geen blik van herkenning. 'Dat T-shirt, dat is een Nederlands T-shirt.' Hij was verbaasd, want hij wist niet dat de gestileerde leeuw op z'n borst de trots van de kleine natie in het verre Europa symboliseerde. Bovendien sloeg mijn mededeling dat het een Nederlands T-shirt was nergens op, want op het merkje in z'n nek stonden de drie bekendste woorden van de globalisering: *Made in China*.

De wereldkampioenschappen voetbal worden in China goed bekeken, ondanks de belabberde prestaties van het eigen team. Misschien juist vanwege die gekrenkte nationale trots kiezen veel Chinezen een tijdelijk 'tweede land' om aan te moedigen. Oranje, in China Total Tulips of de Tulpen genaamd, heeft een flink Chinees sublegioen, mensen die wel beseffen wat voor T-shirt ze dragen. In oktober 2014 schreef Hacken Lee, een ster in de Hongkongpopmuziek met een grote schare fans in de Volksrepubliek: 'Vanochtend naar de Hollandse doodstrijd gekeken en zo verdrietig toen alle tulpenspelers, fans en coaches het eigen doelpunt van Van Persie zagen'. Op een ander netwerk, Sina, werd het nieuws over de uitschakeling van Oranje ruim vijfduizend keer gedeeld, binnen een dag. 'Een trieste dag voor Totaal voetbal in China,' schreef een van de fans, alsof het eigen doelpunt de Volksrepubliek meer had geraakt dan het vaderland.

Er is een wrange reden waarom het Nederlandse team in China beter bekend is onder de naam De Tulpen. Toen eind 2004, begin 2005 een serie prodemocratische demonstraties in Oekraïne de naam 'de Oranje Revolutie' kreeg, werd het Chinese woord voor de kleur oranje een tijdlang geblokkeerd. Fans van het Nederlands Elftal hadden een alternatief nodig om hun liefde te betuigen zonder 'per ongeluk' gecensureerd te worden. Voetbal en politiek komen soms op gevoelige terreinen samen. In het voorjaar van 2015 liet de regering weten dat de Volksrepubliek binnen tien jaar een voetbalgrootmacht moet worden en een wereldkampioenschap wil organiseren. Hoon op het internet over dit voornemen van de regering werd getolereerd, al was het maar dat de slechte prestaties van het nationale elftal zo berucht zijn dat zelfs de propagandamachine van de meest succesvolle communistische partij ter wereld er geen positieve draai aan kan geven. Maar als vervolgens de wijdverbreide corruptie binnen FIFA bekend wordt, grijpt de censor onverbiddelijk in. Een Weibobericht dat de Partij en FIFA samen het meest corrupte kampioenschap ooit neer kunnen zetten wordt bijna dertigduizend keer gedeeld voordat het verwijderd wordt. En een door een gebruiker gemanipuleerd beeld met de in opspraak geraakte FIFA-voorzitter Sepp Blatter als lid van het Politburo was een kort digitaal leven beschoren.

Voetbal is niet alleen verweven met politiek, maar natuurlijk ook met geld. Het economische wonder van de Chinese ontwikkeling heeft ervoor gezorgd dat rijke Chinezen in Europa investeringen doen – of toch weer niet, toch weer wel, toch weer niet, in het geval van ADO Den Haag. Manchester City, de club die president Xi Jinping tijdens zijn staatsbezoek aan Groot-Brittannië in oktober 2015 bezocht, heeft een grote Chinese investeerder aan de haak geslagen. Het model van Ajax, waar talent op vroege leeftijd getraind wordt, heeft veel Chinese interesse. Het geld gaat ook de andere kant op, want Chinese clubs betalen grof geld om buitenlands talent te lokken. Het is maar de vraag of dat veel gaat opleveren, want het zijn voornamelijk oudere spelers die een goedbetaald ererondje China doen voordat ze ergens lekker gaan rentenieren of proberen ergens reclamewoordvoerder of zelfs trainer te worden. Het is misschien wel aardig in dit verband dat een maand voor het staatsbezoek aan Groot-Brittannië er geen voetbalwedstrijden konden worden gespeeld in Beijing, want het Nationale Stadion voor de Arbeider was overgenomen als opslagplaats voor raketten die tijdens een grote en pompeuze militaire parade zouden worden tentoongesteld. Voetbal is uiteindelijk geen oorlog.

President Xi Jinping is zelf fan van Manchester United. Misschien omdat ze in het rood spelen. Tijdens zijn bezoek aan de plaatselijke rivaal nam Sergio Aguero, de Argentijnse spits van City, een selfie met de Chinese president. Premier David Cameron, nooit te beroerd om als een soort wethouder Hekking voor de camera te springen, staat met een olijke lach in de verre hoek van de selfie, als iemand die bij nader inzien ook nog op de foto moest. Het leek me symbolisch voor de positie van het Verenigd Koninkrijk in de wereld. Hee, wij zijn er ook nog! Mogen wij ook nog op de foto? Dat hele staatsbezoek gaf mij kromme tenen, want veel Engelsen –maar niet iedereen en zeker niet iedereen in het Verenigd Koninkrijk – zijn ook nooit te beroerd om de Europese Unie af te schilderen als een dictatoriale bureaucratie, maar wel de rode loper uit te leggen voor de leider van de grootste en meest repressieve dictatuur ter wereld. En welk diplomatiek middel is beter dan voetbal als je vrienden wilt maken met rijke dictators? Het is immers uitgevonden in… China.

Zuqiu is het Chinese woord voor voetbal, het is ook een moderne manier om *cuju* te zeggen, wat zoiets als ‘schopbal’ moet hebben betekend. In de versie die gespeeld werd door welopgevoede heren was cuju een wat statisch spel, maar er waren teams, goals en een bal. Rond 1120 schreef een anonieme hofbeambte een boek over het leven in Kaifeng, een van de acht oude hoofdsteden van China. Daarin omschrijft hij hoe het spel door de elite wordt gespeeld, maar meldt ook dat het erg populair is onder het gewone volk, ‘zij het met regels die bij hun positie horen’, wat waarschijnlijk betekent dat cuju in de *hutongs*, de steegjes waar de gewone mensen woonden, een stuk ruwer was. Misschien krijgt Xi Jinping nog tijdens zijn regeerperiode dat wereldkampioenschap voetbal naar China en kunnen ze, net als Engeland in 1996, zeggen – of zingen – *Voetbal komt naar huis*.

Dat huis is niet erg op orde. Voetbal in China was in voorgaande jaren zo corrupt dat ‘in eigen doel scoren’ een van de vele eufemismen was om te zeggen dat iemand een afkoopsom had geaccepteerd. Bovendien is Taiwan officieel ook China, maar heeft het een eigen divisie en een ‘nationaal’ team. Hongkong heeft traditioneel ook een ‘nationaal’ team, ook nadat het van Britse kolonie naar China terugkeerde in 1997. In een stad waar ruimte zo beperkt is dat een voetbalveld een enorme luxe is, wordt niet veel gespeeld maar de kleine stad slaagde erin om gelijk te spelen tegen de grote buur die steeds meer macht naar zich toetrekt in de stad. Het bleef 0 tegen 0 in november 2015. De Hongkongers droegen spandoeken met 'Hongkong is geen China' en plakkaten met simpelweg het woord 'boe', omdat ze van de organisatie geen boe mochten roepen tijdens het volkslied. Hetzelfde volkslied werd voor de wedstrijd overigens twee keer gespeeld, want sinds 1997 is dat van de Volksrepubliek, De Mars van de Vrijwilligers, ook het volkslied van Hongkong.

Ik was een tiener toen Nederland de Europese Kampioenschappen won en heb vol spanning met mijn ouders gekeken, maar dat kampioenschap tijdens die warme dagen van 1988 is mijn enige echte voetbalherinnering. Ik denk dat ik een jaar later met veel meer spanning de gebeurtenissen op het Plein van de Hemelse Vrede en de val de Berlijnse Muur heb meegemaakt. Toen al had ik meer interesse in de grote verhalen en was na die ene Europese titel eigenlijk immuun geworden voor de voetbalkoorts. Net als die ene Duitser die niet van voetbal houdt, in wiens huis Xuen degene is die de wedstrijden volgt, had ik een paar jaar een relatie met iemand die meer van voetbal hield en wist dan ik. In haar geval was het Feyenoord en in tijden van nationale eenheid, Oranje. Alles was verkeerd in onze relatie, waardoor het zo lang zo goed ging. Ik was te oud voor haar, verdiende te weinig geld om samen dat tuintjevoor-tuintjeachter-huis te kopen, en ik had een spoor van vernietiging achtergelaten in een vorige relatie en in een werksituatie. 'Het kon bijna niet erger,' zo zei haar vader. 'Maar gelukkig is hij geen Ajaxfan.'

Het zal de vader van mijn ex geen plezier doen, maar Ajax is met een half miljoen fans op Weibo en een bloeiende handel in shirtjes op de winkelsite Taobao de enige Nederlandse club met een beetje aanwezigheid op het Chinese internet. Een student met een shirt van Feyenoord zei dat zijn vader op een Europese luchthaven de verkeerde aankoop had gedaan. De zoon had namelijk liever een basketbalshirt gewild. 'Maar de kleuren zijn leuk en mijn naam begint met een F,' zei Feihao, wijzend op de zwarte F in het Feyenoordlogo. En hoewel gekocht op een Europese luchthaven, ook dit shirt was 'Made in China.'

De harde academische kern

De kern van de zaak is uiteindelijk het politieke leiderschap. Of het de sterke keizers van China's trotse verleden zijn of generalissimo Zhang tijdens de Tweede Wereldoorlog, of natuurlijk de Grote Roerganger, de Rode Zon van het Oosten zelf, Mao Zedong, een sterk centrum betekent een sterk land. Het Chinese woord voor 'kern', *hexin*, wordt steeds vaker gebruikt om president Xi te omschrijven in de Chinese staatsmedia, vaak in directe citaten van partijbonzen. Deze omschrijving werd met name in de jaren '60 en '70 gebruikt voor Mao. Daarna kreeg Deng Xiaoping die eer, maar Jiang Zemin, de opvolger van Deng, die lange tijd oude partijbonzen achter de schermen moest dulden, moest het doen met 'derde generatiekern'. Jiang maakte in 2002 schoorvoetend en in 2004 compleet ruimte voor Hu Jintao, die helemaal geen 'kern' meer was, maar slechts kameraad Hu. Deze president en secretaris-generaal van de Partij zag 'collectief leiderschap' als een manier om de eenheid van een steeds grotere en ideologisch langzaam uiteendrijvende Partij te symboliseren – of in ieder geval de interne verdeeldheid met de mantel der kameraadschap te bedekken. De jaren van Hu Jintao lijken achteraf bekeken een uitzondering op de regel dat de Partij geregeerd wordt door een potentaat en het land door een dictator. En in mijn eigen wereld drijft de academische vrijheid op de eb en vloed van het leiderschap.

Het zal niemand verbazen dat ik Xi Jinping nooit persoonlijk heb ontmoet, als onbelangrijke docent in een enorm land. Toen ik mijn rechtenstudenten vertelde dat ik de minister van Justitie van Nederland persoonlijk ken en als een vriend beschouw, kreeg ik beleefd respect, maar men was natuurlijk niet echt onder de indruk. Nederland is kleiner dan de meeste Chinese provincies en bekend vanwege kaas, lange mensen, fietsen, tulpen en totaalvoetbal. Leuk, charmant, maar niet indrukwekkend. Maar toen ik hun vertelde dat dezelfde Ard van der Steur hun eigen president en grote leider Xi Jinping had ontmoet en zelfs de hand had geschud, hield iedereen in de collegezaal heel even de adem in. Zelfs die ene studente achterin die altijd meer aandacht had voor haar mobiele telefoon, keek zowaar op bij het horen van de naam Xi Jinping. Ik was zichtbaar een paar punten gestegen in hun achting. Dankjewel, Ard.

Ik vermoed dat als een van mijn hooggeplaatste vrienden of kennissen de hand van Hu Jintao had geschud, er veel minder ontzag was geweest: 'O, interessant – kunnen we nu verder gaan?' En bij het noemen van Jiang Zemin zie je soms iemand een gezicht trekken alsof je een scheetje hebt gelaten. Als je iets met die partijleider en president te maken hebt gehad, moet er ergens wat onwelriekend slijm achtergebleven zijn. Vrienden die de laatste jaren van Jiang Zemin hebben meegemaakt, merkten weinig van de overgang naar Hu Jintao. Iedereen was bezig met rijk worden en als er soms wat misging, dan kon het vanwege de enorme hoeveelheden geld die sowieso binnenkwamen, simpelweg afgekocht worden. De vraag waarom Jiang en Hu weinig tegen de corruptie wilden of konden doen, kan beantwoord worden met een simpele grafiek van de economische groei in die jaren – natuurlijk werden er allerlei twijfelachtige dingen gedaan, maar over het algemeen ging iedereen erop vooruit, dus het was geen groot probleem. Ook op de universiteiten werd er graag een illegaal graantje meegepikt. Op een middelgrote universiteit in het noordwesten hoorde ik een studente vertellen dat zij privélessen bij een van de directeuren moest kopen om toegelaten te worden tot een speciaal programma voor de topstudenten die op uitwisseling konden naar een prestigieuze Britse universiteit. Ze had nooit een privéles gehad, maar het geld was betaald en zij zat nu in het eliteklasje. Het enige wat veranderde tussen de jaren van Jiang en die van Hu waren de bedragen, want ook corruptie is aan inflatie onderhevig.

De overgang van Hu naar Xi is er eentje van dag en nacht, zij het met een periode van schemering voor de universiteiten. Onder Hu Jintao was er weinig vrijheid in de Chinese samenleving als het ging om politieke kwesties, maar de Partij bemoeide zich gelukkig niet met zaken waar de voorgaande 'kernen' graag hun stempel op drukten. Het hoger onderwijs werd met een zachte hand geregeerd en voor het grootste gedeelte bewust losgelaten om de markt en de academische nieuwsgierigheid hun werk te laten doen. Mijn eerste gesprek met de decaan van mijn faculteit was vrij simpel: ik mocht voor mijn colleges literatuurgeschiedenis alles bespreken met de studenten, als het maar enig verband hield met de te lezen werken en ik de drie Ts niet gebruikte: Tiananmen 1989, Tibet en Taiwan. Op een andere universiteit, waar men mij voornamelijk nodig had voor mondelinge taalvaardigheid Engels, kreeg ik ook veel vrijheid maar daar was een andere onheilige drie-eenheid: godsdienst, politiek en seks. Ik zei dat twee van die drie mijn hobby's waren, maar die grap werd met een lege blik ontvangen, taboes zijn geen bron van vermaak. Ik denk achteraf dat ik het in 2009 niet slecht heb getroffen, want als ik praat met de buitenlandse docenten die tegenwoordig worden aangenomen, dan hoor ik een heel alfabet van 'verboden' onderwerpen.

In de hal van een van de academische gebouwen waar ik werk, hangt het Volksdagblad, de grootste krant van de Volksrepubliek, achter glas, zodat studenten gratis de propaganda kunnen bekijken. Iedere ochtend kijk ik even naar de voorpagina. De karakters van de naam Xi Jinping komen gemiddeld in vijf van de koppen op de voorpagina voor en een voorpagina heeft gemiddeld zeven koppen. Ook altijd een foto van de kern, soms met een wereldleider, soms bij een gebouw, soms zittend achter een bureau, soms met een berenmuts op en zwaarbewapende soldaten om hem heen. Regelmatig zie je hem ook met zijn vrouw, de zangeres Peng Liyuan, die jarenlang het moreel van het Volksbevrijdingsleger op wist te peppen met haar vaderlandslievende liedjes. Peng Liyuan is de eerste 'First Lady' van China. Ik heb bijvoorbeeld nog nooit een foto van Hu Jintao met zijn vrouw gezien. Misschien nam hij haar nooit mee op reis en is Xi Jinping een veel aardiger echtgenoot, wie weet.

In 2011 werd ik gevraagd om voor een Engelstalig tijdschrift van twee oud-studenten de periode Xi Jinping te voorspellen. Iedereen die gevraagd wordt om iets te voorspellen is natuurlijk vatbaar voor enorme fouten en ik heb mijn les geleerd. Ik zat er compleet naast. Wat ik over Xi Jinping had gelezen was dat hij een wat kleurloze bestuurder was. Misschien had hij wat meer charisma dan Hu Jintao en zou hij in staat zijn een persoonlijk stempel op het beleid te drukken, maar ik verwachtte er eerlijk gezegd niet veel van. Meer van hetzelfde. Wat een misvatting. Na een wat rommelig begin, een periode die de 'Beijingologen' nu omschrijven als een korte maar hevige interne machtsstrijd, werd Xi Jinping de machtigste en meest autoritaire leider sinds Mao. Toen ik een jaar later bij *Met het Oog op Morgen* even kort over een aankomend Partijcongres mocht praten, zat ik veel dichterbij de waarheid. Ik voorspelde een show die strak geregisseerd zou worden door de nieuwe Grote Leider. Het is jammer om de tweede keer wel gelijk te hebben en ik had veel liever dat ik het 2011 bij het rechte eind had gehad. In een sfeer van toenemende repressie merken we zijn invloed op de universiteit zozeer dat sommige collega's in persoonlijke gesprekken toegeven nostalgie te voelen voor de regeerperiode van Kameraad Hu. Ik geef hun geen ongelijk.

Zoals snel gebeurt bij autoritair leiderschap, is de aanbidding van de persoon aan de top steeds duidelijker aan het worden. Het idee dat de Partij na de desastreuze ervaringen met Mao nog een keertje een persoonlijkheidscultus rond een leider zou creëren, was in 2012 bizar. In 2016 is het algemeen bekend. De grootmoeder van mijn geliefde, die persoonlijk hevig heeft geleden onder de terreur van Mao, had Xi Jinpings portret tot de dag van haar sterven boven haar bed hangen, alsof de kern in staat was om haar alsnog te genezen van de kanker die zich door haar hele lichaam aan het vreten was, een nieuw hemels alternatief voor de afbeeldingen van hemelbewonende geesten die ze als meisje ooit boven haar bedje had hangen. Of misschien was Xi Jinping een latere versie van de ruwe penseeltekening van Mao als zon, die ze als goede revolutionaire moeder boven het ledikantje van haar zoon op de muur had overgetrokken uit een krant. Toen ze van haar kleindochter een mobiele telefoon had gekregen die we samen in een Apple-winkel voor haar hadden aangeschaft, speelde ze er vrolijk mee. Een kleurrijk spelletje op de telefoon deed haar denken aan een knikkerspel van vroeger. 'Er verandert zoveel, maar zoveel blijft eigenlijk hetzelfde.' Kijkend naar de goedaardige blik in de pretoogjes van Xi Jinping begreep ik meteen wat ze bedoelde.

De vroegere keizers van China hielden van vormen en rituelen die aangaven dat zij alle windrichtingen overheersten met hun hemels gezag. Een Partijorgaan voor academici bevestigde onlangs in een artikel dat

Xi Jinping dat hemelse gezag nu heeft. De kop luidde: ‘Partij, Overheid, Leger en Onderwijs: Xi Jinping is de kern.’ Op middelgrote luchthavens kan ik een wandbord kopen met zijn hevig gefotoshopte uiterlijk. In de hal van een regeringsgebouw bij mij om de hoek hangt Xi levensgroot boven de liften. Met het oog op de twijfelachtige kwaliteit van de nieuwbouw heeft alleen Mao zelf een betere plek: boven de nooduitgang. Middelbare scholieren moeten tegenwoordig in hun lessen over de politieke orthodoxie van hun land leren over ‘Xi Jinpings visie’, een ideologische weg naar de verdere volmaaktheid die begint met Marx, beter uitgewerkt door Lenin, nog beter uitgewerkt door Mao, aangepast en uitgebreid door Deng, enigszins gemoderniseerd door Jiang en nu bijna perfect dankzij Xi. Arme Hua Guofang en Hu Jintao hebben niets bijgedragen aan de perfectionering van wat ome Karl allemaal is begonnen. Ik zie Xi Jinping vijftien keer als ik van mijn flatje naar mijn dichtstbijzijnde collegezaal loop, op posters op muren en op de schuttingen van – vaak afgelaste of ‘uitgestelde’ – nieuwbouwprojecten. Zijn Chinese Droom is ook overal te zien op posters, in kleurige en naïefrealistische cartoons.

Met zoveel Xi Jinping is er helaas weinig ruimte voor andere denkers. Chinakenner Jeffrey Wasserstrom noemt hem ‘de voorzitter van alles’ vanwege de vele Partijorganen die hij leidt. Zijn blik, vriendelijk glimlachend op de posters, richtte hij al snel op het hoger onderwijs en de 'gevaarlijke westerse ideeën'. In 2012 ontmoette ik Chen Hongguo op de campus van de Noordwestelijke Universiteit voor Politieke Wetenschappen en Recht. Een aardige man die graag een praatje maakte, geïnteresseerd was in mijn achtergrond en met een perfecte balans van bescheidenheid en enthousiasme kon praten over zijn eigen vakgebied in het recht. Een paar maanden later nam hij ontslag. Een van de door de Partij aangestelde managers, verantwoordelijk voor de ideologische zuiverheid van de opleiding, had nieuwe richtlijnen van de Partij aan hem laten zien. Document Nummer Negen was een interne missive die later via de journaliste Gao Yu clandestien bij een Chineestalige krant in het buitenland terecht is gekomen. Gao Yu is voor het 'lekken van staatsgeheimen' tot zeven jaar cel veroordeeld. Het document was zeer kritisch over het feit dat 'westerse ideeën' niet genoeg werden bestreden door de Partij: de Rechtsstaat, Grondwettelijke scheiding der machten, Meerdere Partijen, Neoliberalisme, Universele waarden (Vrijheid, Democratie en Mensenrechten) en Westerse Nieuwswaarden. Die laatstgenoemde is een laatdunkende manier om over persvrijheid te spreken. Professor Chen zag de lijst onderwerpen die hij niet meer onbevangen en onbevooroordeeld mocht bespreken met studenten als een onoverkoombaar obstakel om zijn werk te doen. Toen ik hem eindelijk in 2014 telefonisch wist te bereiken, vertelde hij mij dat hij niet lang had getwijfeld. 'Het was geen daad van rebellie. Het was een professionele keuze. Ik vond dat ik mijn studenten geen gedegen onderwijs meer kon geven met zoveel taboes.'

Qiao Mu, een professor verbonden aan de Buitenlandstudies Universiteit van Beijing, wilde geen ontslag nemen, dus werd hij op non-actief gesteld. In de bibliotheek van zijn universiteit droomt hij van een democratisch China. 'Ik ben altijd positief. Soms is het moeilijk, maar ik geloof dat we uiteindelijk een ontwikkeling richting democratisering krijgen. Ik heb veel gelezen over de overgang naar de democratie in de landen van het voormalige Warschaupact en het zijn de dichters, schrijvers en, ja, professoren die in de eerste fase vooraan staan.' Andere docenten zijn minder positief. He Weifang, voormalig professor Constitutioneel Recht aan de Universiteit van Beijing, kon mij niet te woord staan: 'Niet voor mezelf, maar ook niet voor jou.' Hij kreeg van zijn universiteit te horen dat hij niet langer welkom was, maar de Partij was genadig en bood hem een baan aan op een onbeduidende universiteit in het verre westen van China, in de Autonome Regio Xinjiang, ver van Beijing en alleen in het nieuws als de lokale Oeigoeren opstandig zijn. Een van diezelfde Oeigoeren, professor Ilham Tohti, als econoom verbonden aan Minzu Universiteit in Beijing, hield zich bezig met manieren waarop zijn gematigde volksgenoten zichzelf konden organiseren. Zelfs dat ging te ver en Tohti zit nu in de gevangenis als een 'separatist'.

Westerse universiteiten merken dat er een nieuwe, koude wind waait in academisch China. Niet alleen is het moeilijker voor hen om professoren uit te wisselen die in het verleden kritisch over China hebben gesproken, maar ook is het aantal sollicitaties van Chinese denkers toegenomen. Xia Yeliang was een van hen en hij wist een positie te bemachtigen bij het Cato Instituut, een vrijzinnige denktank die voor een kleine overheid, democratie en een vrije markt opkomt – weer een drietal taboes voor het Chinese hoger onderwijs.

Eind januari 2016 trof ik drie collega's in een kamer boven een Italiaans restaurant in het Sanlitun-district van de hoofdstad. Ze wilden graag met me praten, maar hadden liever niet dat ik hun volledige namen zou gebruiken. Ik zal ze daarom Li, Zhang en Wang noemen, de drie meest voorkomende familienamen in China; de Chinese Smit, Jansen en De Vries. In de loop van mijn Chinese jaren heb ik met Li, Zhang en Wang samengewerkt en via de e-mail veel contact onderhouden, maar dit was de eerste keer dat we elkaar als groep troffen voor een maaltijd en een paar glazen rode wijn uit Sicilië. Het restaurant beneden niet zo druk en toch had Li de privékamer geboekt. Veel Chinese restaurants hebben aparte kamers en westerse uitbaters konden niet achterblijven in deze traditie, dus het was niet zo dat we een geheime club aan het oprichten waren of dat we bang waren afgeluisterd te worden. In een land met weinig privacy is het fijn om soms ergens afgeschermd met iemand te kunnen eten en roddelen. In de jaren voor Xi Jinping waren het ook populaire plekken om geld van eigenaar te laten verwisselen.

Na de eerste beleefdheden ging Wang over op de inhoud en sprak mij aan op een opiniestuk op Hongkong Free Press, een Engelstalige nieuwssite waar ik nauw bij betrokken ben. Hij was het niet eens met mijn conclusie dat de Partij onder Xi Jinping sterker dan ooit is, sinds de 'hoogtijdagen' van Mao. Hij waarschuwde me dat ik een verschil moest maken tussen hoe de Partij zich naar buiten toe gedroeg en hoe ze zich daadwerkelijk voelde. 'Een leiderschap dat het nodig vindt om ruim tweehonderd advocaten en activisten op te pakken, voelt zich niet sterk. Dit soort machtsvertoon is juist een teken van zwakte.' Li was het daar niet mee eens, geloofde dat bij Wang wellicht de wens de vader van de gedachte was. 'Ik denk dat de Partij nu sterk is, maar bang is om die macht te verliezen als de economische situatie verandert.' Zhang knikte en zei: 'Daarom is er nu een golf van repressie.' Volgens hem begreep Xi dat je de teugels beter nu kon aanhalen, nu het nog goed ging. Hoewel de Siciliaanse Marsala aangenaam smaakte, hadden we alle vier na deze conclusies een wat vieze nasmaak in de mond. Want waren wij ook niet van het goede leven aan het genieten? Het leven dat de Partij dankzij haar mengeling van vrijemarktpolitiek, mercantilisme en politieke rust mogelijk had gemaakt? Wang zei bij ons afscheid dat hij bang was dat het eerst slechter moest worden voordat het beter kon gaan – een soort Chinese 'eerst komt het zuur, dan komt het zoet'. Maar in China komen zoet en zuur meestal tegelijkertijd op tafel.

Het heeft nog lang niet het niveau bereikt van de maojaren, maar Qiao, de optimistische professor die nu noodgedwongen in de bibliotheek zit, noemde het in een interview met een Britse krant in de zomer van 2015 'een kleine Culturele Revolutie'. Mao zelf had weinig op met het hoger onderwijs. Veel uitspraken in het bekende Rode Boekje gaan over de nutteloosheid van schools onderwijs en de rijkdom van praktische kennis, opgedaan in revolutionaire arbeid. De ironie wil dat Xi Jinping vanwege de chaos van de echte Culturele Revolutie zelf zijn studie moest onderbreken. Op buitenlandse reizen deelt hij graag de wijsheden van de schrijvers en filosofen van het land dat hij bezoekt en legt dan verbanden met de Chinese filosofie of literatuur. Zo vergeleek hij tijdens zijn staatsbezoek aan Groot-Brittannië in oktober 2015 de werken van Shakespeare met die van Tang Xianzu. In Frankrijk sprak hij vol lof over Montesquieu, maar citeerde hij ook Diderot en Voltaire. Tijdens de verschillende bezoeken aan Franse bezienswaardigheden noemde hij Rousseau, Saint-Simon, Fourier, Voltaire, Sartre en nog twaalf anderen. Het is tragisch dat veel van wat de belezen harde kern prees zoveel gevaarlijke westerse ideeën bevat dat hij liever niet heeft dat Chinese studenten zijn voorbeeld volgen en zichzelf verdiepen in de grote werken van de Verlichting en de moderne literatuur.

Deze pagina mag niet gevonden worden

Een lachende Winnie de Pooh die zijn hoofd uit het dak van zijn speelgoedautootje steekt, was het meest gecensureerde beeld van 2015 op het Chinese internet. Op 3 september 2015 werd de foto verwijderd, maar slimme Chinezen wisten het toch steeds weer opnieuw te delen. Een visueel bestand is voor de hardwerkende censors moeilijker te verwijderen dan een tekst, waarbij bepaalde woorden of karakters gezocht kunnen worden of een automatische verwijdering veroorzaken. Wat had Winnie de Poeh misdaan om opeens in een orwelliaans gat te vallen? Het beeld van de goedaardige en wat gezette beer die uit het dak van een auto steekt leek te veel op dat van de goedaardige en wat gezette president van de Volksrepubliek, die tijdens een grootse militaire parade op die dag ook zijn hoofd uit het dak van zijn limousine stak. De militaire parade was om te vieren dat Japan zich zeventig jaar eerder onvoorwaardelijk had overgegeven. Op zo'n feest is Winnie de Poeh niet welkom.

Dat er internetcensuur is in China is algemeen bekend. Maar wat voor vreemde effecten dit soms kan hebben en hoe de Chinezen ermee omgaan is wat minder bekend. Mijn eigen ervaringen met het Chinese 'intranet' zijn dankzij de slimme makers van mijn VPN (Virtual Private Network) gelukkig beperkt maar mijn vriend Duncan, een Nieuw-Zeelander die een VPN niet de moeite waard vond om aan te schaffen, is soms zo onwetend over wat er werkelijk in de wereld gebeurt dat het beangstigend is. Begin 2011, drie maanden na aankomst in China, was hij nog goed op de hoogte van het wereldnieuws en hoewel we van mening konden verschillen, waren mijn tegenargumenten niet geheel onbekend. Drie jaar later verklaarde hij dat negen van de tien Oeigoeren in het verre westen van China tevreden waren met het beleid van de communisten. Ik zei dat ik geen opiniepeilingen had gezien die deze conclusie rechtvaardigden maar, zo vertelde hij, de Partij had zelf gedegen onderzoek gedaan. Mijn vertaling van de uitspraak dat een slager zijn eigen vlees niet moet keuren, maakte geen indruk op hem, de Partij had immers het beste voor met de vooruitgang van heel China. En waarom maakte ik zo'n probleem van de censuur – 'In het western is er enorm veel *spin* en de miljardairs kopen de media.' Vijf jaar later was hij verbaasd te horen dat schrijvers, uitgevers en boekverkopers in Hongkong opgepakt waren omdat ze een boek over het liefdesleven van Xi Jinping wilden schrijven. Hij dacht dat een van hen zichzelf aan de Chinese politie had overgegeven omdat hij elf jaar geleden bij een auto-ongeluk betrokken was geweest – de enige versie die in de Chinese media werd getolereerd. 'Ik heb geen reden om de Chinese staat te geloven,' zegt hij. 'Maar ik geloof ook de westerse media niet.' In zijn relativistische universum is er geen verschil.

Ik kan me voorstellen dat Chinezen die niet in staat zijn om andere media te raadplegen deze meningen zijn toegedaan en ik ben op zich bereid om met hen in discussie te gaan als zij dat willen, maar meestal ben ik niet geneigd om mijn Nederlandse vingertje in de lucht te houden en als gast in dit land begin ik nooit zelf een discussie met een Chinees over politiek. Ik heb veel vertrouwen in de gemiddelde Chinees, want ik geloofde voor 2012 dat de ontwikkeling van stapje voor stapje meer vrijheid en openheid zou doorgaan onder Xi Jinping en zelfs nu geloof ik dat hij met zijn Poetin-achtige neigingen de trend niet geheel zal kunnen stoppen. Voor de gemiddelde Chinees zal er langzaam steeds meer vrijheid en openheid komen en ooit zal er een vrije pers met Chinese kenmerken komen. Ik vind het heel merkwaardig dat een intelligent persoon, opgegroeid in een van de meest vrije landen ter wereld, die voor zijn komst naar China goed op de hoogte was van meerdere kanten van ieder verhaal, zo snel de lijn van Beijing kan gaan volgen, alleen maar omdat hij wegens gebrek aan VPN geen toegang heeft tot een alternatief geluid. Het is Duncans eigen keuze om de pers te negeren, daar wil ik geen waardeoordeel over geven, maar zijn relativisme is enorm gevaarlijk en precies wat de marxistische dictatuur nodig heeft om haar beleid te rechtvaardigen.

Ik vermoed dat zonder censuur veel mensen ook niet precies weten wat er aan de hand is in de wereld, maar het is belangrijk – en het zou niet opgeschreven hoeven te worden – dat de informatie wel beschikbaar moet zijn. Als dat niet zo is en je toch dingen online wilt bespreken, dan moet je een manier vinden om de censuur te ontwijken. Ik schrijf vaak over deze creativiteit in de marge met betrekking tot het onderwerp, zoals de Chinese fans van het Nederlands Elftal die vanwege de censuur tijdelijk de kleur oranje niet konden gebruiken. Het Nederlands elftal werd 'de tulpen'.

In 2012 heb ik geschreven over de corruptieschandalen rond een partijleider, Bo Xilai, in de zuidwestelijke stad Chongqing. Vanwege de scabreuze details van de schandalen gingen veel Chinezen online zoeken naar verhalen en al snel werden de namen van de hoofdrolspelers en zelfs de stad enige tijd gecensureerd.

Bo had met zijn neo-maoïstische rode campagnes nationale bekendheid gekregen. Men sprak zelfs over het Chongqing Model als een alternatief voor de harmonieuze samenleving van President Hu Jintao en in de jaren voor zijn val werd Bo getipt als een van de mogelijke opvolgers van Hu, in plaats van de kroonprins Xi Jinping. Al snel hadden de internetters het in China over de 'tomaat' voor nieuws over Bo en Chongqing, *xihongshi* in het Chinees: Xi is ook west, hong is ook rood en shi klinkt als stad, de Rode Stad in het Westen. Het duurde niet lang of ook het woord tomaat was niet meer te gebruiken op Weibo.

Weibo is een Chinese variant van wat in het Westen Twitter is, maar het heeft ook wat andere elementen die de vergelijking niet helemaal doen opgaan. Twitter zelf is geblokkeerd in China, net als Facebook, YouTube en Google. In plaats daarvan zijn er Chinese versies die aan zelfcensuur doen en die hun markt beschermd zien dankzij de blokkade van buitenlandse concurrenten. De resultaten die de Chinese zoekmachine Baidu oplevert, zijn heel anders dan die van Google. En dan komt het nog voor dat je op een link klikt en een foutmelding krijgt: 'Deze pagina kan niet gevonden worden.' Chinese internetgebruikers weten dat de melding niet waar is. Met een VPN kan de pagina prima geopend worden, maar op het Chinese internet *mag* hij niet gevonden worden. De censuur die Baidu toepast, gaat zelfs verder dan die van de overheid, in een verlangen roder te willen zijn dan de Partij. De eigenaars van Baidu en van de Chinese technologiebedrijven zijn nauw verbonden met de Partij. De bekendste Chinese internetondernemer, Jack Ma van Alibaba, was in het verleden terughoudend over zijn banden met de overheid, maar sinds 2012 heeft hij zich ook verplicht gevoeld om *ganxie guojia*, 'het vaderland dankbaar te zijn'. De bekendste consumentenarm van zijn conglomeraat in China is *Taobao*, een marktplaats die aangeeft waar verreweg de meeste mensen in China het internet voor gebruiken, kopen en verkopen. Het is natuurlijk in 'vrije' landen niet anders, maar de uitspraak *zhuanzhu yu zhuangqian*, 'concentreer je op geld verdienen', kan bedacht zijn voor Taobao, de suggestie is immers 'bemoei je niet met politiek', geld is belangrijker.

Weibo was ooit verreweg de levendigste uithoek van het Chinese internet. Het was een relatief vrije ruimte voor intellectuelen, zangers, acteurs, schrijvers, kunstenaars; iedere Chinees van naam had een account en een schare volgelingen. In mijn eerste jaar in China zat ik over de schouder van mijn toenmalige Chinese vriendinnetje mee te lezen, met mijn zeer beperkte woordenschat was dat een uitdaging voor mij en achteraf gezien waarschijnlijk heel frustrerend voor haar. Met de goede wil die er altijd is in het begin van een relatie probeerde ze alles uit te leggen, zelfs de obscure woordgrapjes die je krijgt als je homofone karakters omwisselt. Na een paar weken wist ze me de hoofdlijn van een bericht uit te leggen, gevolgd door de woorden: 'Dat is grappig, maar niet voor jou.' Ze bedoelde het niet als een belediging en ik heb het ook nooit zo gevoeld. Ze was ook moediger dan ik, want ik heb haar nooit Fokke en Sukke proberen uit te leggen, wat toch veel eenvoudiger zou moeten zijn geweest.

Dit vriendinnetje volgde diverse semi-intellectuele Grote V's, zoals de mensen met veel Weibo-volgers werden genoemd. Er waren veel Grote V's die kritiek hadden op de overheid, op staatsbedrijven, op de staatsmedia, op het leger, op het hoger onderwijs, op alles wat onderdeel uitmaakte van de partijstructuur. Ik was in eerste instantie verbaasd hoeveel er mogelijk was, voorbereid als ik was bij onze eigen media op een enorm intranet waarbij het internet leek op een steriel speelveldje met ultragroen nepgras, in plaats van een levendig plein met daaraan verbonden grote straten, maar ook allerlei vieze steegjes. De kritiek was beleefder dan op Twitter en het was vaak met meer uitleg, al was het maar omdat het Chinees meer informatie in een karakter kwijt kan dan wij in een letter. Toch was er censuur, want iedere oproep om de straat op te gaan werd subiet verwijderd en mensen die op Weibo zaken onhulden – al dan niet waar – werden opgepakt. Met de toekenning van de Nobelprijs voor de Vrede voor Liu Xiabo en de Arabische Lente nam de censuur fors toe en in 2012, het jaar dat Xi Jinping zijn concurrenten binnen de Partij buiten spel wist te zetten en aan de macht kwam, werden de Grote V's aan banden gelegd. Honderden werden uitgenodigd om bij de politie langs te komen, 'voor een kopje thee'. Een uitnodiging om thee te drinken, *he cha*, werd in China al snel een van de vele eufemismen voor gevangenschap.

Als gevolg van de toegenomen censuur is het aantal Weibo-gebruikers afgenomen. In 2014 zegden 56 miljoen mensen hun account op en veel accounts hebben nauwelijks meer posts. Om het anoniem bekritiseren van de overheid moeilijker te maken, moeten mensen zich met hun eigen naam en ID-kaartnummer registreren. Maar de creativiteit vecht terug op andere fora en door gebruik te maken van steeds veranderende termen. Na het eufemisme over 'uitgenodigd te worden voor thee', kwamen er snel nieuwe uitdrukkingen, die aangeven hoe men omgaat met de politie: *chao shuibiao*, 'de watermeter controleren', werd een eufemisme voor hoe de politie het huis binnenkomt zonder een dwangbevel, om het te doorzoeken op dissident materiaal en *duo maomao si* 'doodgaan door verstoppertje te spelen', werd een gevleugelde uitspraak voor mensen die onder verdachte omstandigheden in detentie zijn overleden. In 2015 was er een boer die in gevangenschap overleed. De politie maakte bekend dat hij zijn hoofd had gestoten tijdens verstoppertje spelen met andere gevangenen. Net als in andere autoritaire regimes zijn de excuses van de overheid vaak zo belachelijk dat ze als metafoor de ronde gaan doen onder het volk. Het internet heeft aan de metafoor vleugels gegeven.

Andere uitspraken van de regering die als excuus worden gebruikt voor machtsmisbruik of die als uitleg worden gegeven voor dingen die onder de Partij verkeerd gaan, krijgen op het internet vaak een nieuwe en tegengestelde betekenis. *Kexue shangwang*, 'het internet wetenschappelijk gebruiken', is ontleend aan het voornemen van president Hu Jintao om een wetenschappelijk beleid voor ontwikkeling van het land creëren, maar het betekent online dat een gebruiker software gebruikt om de censuur te omzeilen. Ook *jingwai didui shili*, 'vijandige buitenlandse krachten' een bekende uitspraak in de staatsmedia die meestal suggereert dat Amerika het Socialisme met Chinese Karakteristieken aan het ondermijnen is, wordt online honend gebruikt. Een van mijn vrienden reageerde op een bericht over politiegeweld tijdens het ontruimen van een kerk in

Wenzhou met 'de politie slaat het Chinese proletariaat, het moeten wel vijandige buitenlandse krachten zijn!'

In China is privilege een moeilijke zaak; in het land wordt het socialisme van de Communistische Partij steeds minder gevoeld, maar men ziet dat partijconnecties en familienetwerken het belangrijkst zijn om vooruit te komen in het leven. De eerdergenoemde Bo Xilai en president Xi Jinping behoren allebei tot de rode aristocratie van China; Bo Xilai is de zoon van Bo Yibo, een van de Acht Onsterfelijke leiders van de Volksrepubliek, Xi Jinping is de zoon van Xi Zhongxun, een vroege vertrouweling van Mao. Naar buiten toe probeert de Partij het socialisme nieuw leven in te blazen en tegelijk te benadrukken dat ze een meritocratisch systeem vertegenwoordigt, waar de meest getalenteerde mensen in staat zijn om machtsposities te bekleden. De Chinezen die ik ken zijn daar erg sceptisch over en op het internet merk je dat. In het najaar van 2010 werd de uitspraak 'Ik ben de zoon van Li Gang' een veelgebruikte manier om de privileges van de rode elite te bekritiseren nadat Li Qiming dronken achter het stuur twee studenten had aangereden op een universiteitscampus, waarbij hij een van hen dodelijk verwondde. Toen de campusbeveiliging hem aan wilde houden riep hij: 'Ik ben de zoon van Li Gang' en Li Gang bleek een hoge partijfunctie binnen het beveiligingsapparaat te hebben. Een online poëziewedstrijd waarin de uitspraak moest worden geïncorporeerd kreeg duizenden inzendingen. Na twee maanden grepen de censors in en werd duidelijk dat de zaak niet langer besproken mocht worden. De uitspraak bleef echter nog lang populair. Een soortgelijke manier om tegenwoordig met een metafoor kritiek uit te oefenen is het gebruik van de 'familie Zhao'. De uitdrukking dook eind 2015 op en was een verwijzing naar een kort verhaal van Lu Xun, *De ware geschiedenis van Ah Q*, waarin de hoofdfiguur een betere positie in de wereld probeert te bemachtigen door een connectie te krijgen met de belangrijke familie Zhao. Aan het einde van het verhaal is de hoofdfiguur een mislukking, hij kon nooit een Zhao worden. Opa Zhao bijt hem in het verhaal toe, als hij het waagt om met de Zhao's mee te juichen: 'Denk jij echt dat jij de naam Zhao waardig bent?' De metafoor is krachtig en zegt heel veel met een enkele verwijzing naar een bekend verhaal, want de Partij is de Zhaopartij, het leger is het Zhoaleger, de staatsbedrijven zijn Zhaobedrijven en de rechtsstaat is de Zhaostaat. De overgrote meerderheid van China is 'niet-Zhao' en zolang bij hen het beeld leeft dat ze zonder connecties niet verder kunnen komen in de samenleving, blijft de Chinese droom van Xi Jinping een lege slogan, een slogan die alleen opgaat voor de familie Zhao.

De achtergrond van dit verhaal is deprimerend, maar net als de grappen die in het voormalige Oostblok werden gemaakt over de norse gerontocraten van de communistische partijen aldaar, hebben Chinezen online de creatiefste manieren ontwikkeld om hun eigen Partij wat minder serieus te nemen. Als je iemand hoort beweren dat Chinezen niet creatief zijn, vertel ze over de foto van een speelgoedautootje met Winnie de Poeh die zijn hoofd uit het dakraam steekt. U kunt hem zelf vinden, door op Google in te tikken 'china censuur 2015 winnie de pooh' en het is de eerste afbeelding die u krijgt. U hoeft het niet te doen, maar het feit dat u het kunt doen is een reden om trots te zijn – en ook jammer dat u geen creatieve manieren hoeft te bedenken om uw mening te geven.

Made in Tibet?

In november 2015 kwam een van de belachelijkste richtlijnen ooit uit Brussel, en dat zegt wat als we het over de Europese Unie hebben. De richtlijn had betrekking op het correct etiketteren van de herkomst van Israëlische producten; het wordt door Europa aanbevolen om vanaf nu de producten uit de westelijke Jordaanoever of de Golanhoogte als zodanig te etiketteren. De Europese consument werd namelijk – och jeetje – misleid met het etiket 'Made in Israël'. Voortaan kan je kiwi's vinden met de tekst 'Product van de westelijke Jordaanoever (Israëlische nederzetting)'. Dit soort labels kan je al vinden in Groot-Brittannië, België en Denemarken. Nederland besloot te wachten op deze Europese richtlijnen. Ik heb twee problemen met deze symboolpolitiek – of etikettenpolitiek. Mijn eerste probleem is er eentje die hopelijk iedereen met een halve hersencel heeft bedacht: is het nu écht een waardevolle investering van tijd en geld om deze richtlijnen te ontwikkelen? Zijn er geen grotere problemen? Mijn tweede probleem is: waarom Israël?

Ik heb op zich niets tegen duidelijkheid voor de consument en dit verband zal ik niet mijn mening gaan verkondigen over het conflict tussen Israël en de Palestijnen, want daar gaat het me in eerste instantie niet om. Het gaat mij om de onevenredige nadruk op dit ene regionale conflict in een piepklein land in het Midden-Oosten. Waarom Israël als er bij mij in de buurt meer dan genoeg regionale conflicten zijn? Als de Europese Unie echt eerlijk wil zijn en duidelijkheid wil geven aan de Europese consument, waarom geen 'Made in Tibet'? Of 'Product van Tibet (Han-Chinese nederzetting)'? Of 'Made in China (slavenarbeid)'? Of 'Product van Oost-Turkestan (verboden naam in China)'? Ik heb genoeg ideeën als die ambtenaren van de Europese Unie echt niets beters hebben te doen. Kom op jongens en meisjes, slijp die potloden en pak die handboeken, we gaan richtlijnen schrijven! Als de EU het bij deze ene richtlijn voor het correct etiketteren houdt, dan stel ik voor dat we de Israëlrichtlijn vergeten en de ambtenaren naar huis sturen.

Als ik eerlijk ben, zal ik waarschijnlijk geen olijfolie kopen als ik weet dat het uit een Israëlische nederzetting komt en niet uit het Israël van voor 1967, want ik ben het soort consument die men in Brussel in gedachten had. Ik vermoed dat ik tot een relatief kleine groep behoor, maar duidelijkheid voor de consument is prima. Ik zou namelijk ook graag willen weten of mijn producten uit China niet zijn gemaakt in de Chinese gevangenissen, waarover ik vreselijke verhalen heb gehoord van ooggetuigen. Na het lezen van de boeken van Robert Conquest, over de verschrikkingen in de Russische goelags, hoopte ik dat hij ooit een boek zou gaan schrijven over de Chinese variant, de *laogai.* Deze gevangenissen zijn enorme fabrieken waar de gevangenen als slaven aan het werk worden gezet. Harry Wu, een Chinese mensenrechtenactivist die 19 jaar in zo'n laogai heeft doorgebracht, wist na zijn vrijlating naar Amerika te ontsnappen en zag tot zijn verbazing in zijn plaatselijke Walmart de tassen die hij zelf als gevangene in elkaar heeft genaaid. Ik zou graag willen weten wat voor tas het was, want het enige etiket erop was 'Made in China', maar ja, dat is bijna alles in het winkelcentrum tegenwoordig.

Laogai betekent 'hervorming door arbeid', en voor kortere straffen waren er *laojiao,* 'hereducatie door arbeid'. Allebei deze soorten gevangenissen zijn officieel verleden tijd in China, herinneringen aan een periode met meer openlijke onderdrukking. Volgens Wu zijn er nog vele gevangenissen die een vorm van slavenarbeid toepassen. Veel van de gevangenen die met Wu werkten waren criminelen, maar er waren er ook die misdaden van een orwelliaans karakter hadden begaan: journalisten die de waarheid hadden opgeschreven, leden van verboden vakbonden, mensenrechtenactivisten en leden van de verboden religieuze beweging Falun Gong. Heel wat van de 'arbeiders' in zijn fabriek, en eerder in de steenkolenmijn waar hij te werk was gesteld, waren niet eens veroordeeld; de Chinese wet staat het toe om iemand voor vier jaar vast te zetten zonder dat er een aanklacht is.

Ook als het gaat om Tibet en Xinjiang zou ik graag willen dat de EU wat helderheid schept voor de Europese consument. De overeenkomsten met de door Israël bezette gebieden zijn frappant, zij het dat het historische Tibet en het voormalige Oost-Turkestan vele, vele malen groter zijn dan het kleine stukje westelijke Jordaanoever en de Golanhoogte. Als ik Palestijnen hoor spreken over hun nakba, de nationale ramp toen er in 1947 door de Verenigde Naties een Joodse staat werd gecreëerd, dan voel ik absoluut met hen mee. Zij hadden overigens het geluk dat de VN tegelijk een Palestijnse staat creëerde, maar hun ouders of grootouders hoopten op een snelle militaire overwinning op Israël door hun Arabische broeders en geloofsgenoten in de omringende landen. De Tibetanen en Oeigoeren hadden geen VN-verdelingsakkoord. Hun landen werden met geweld veroverd door China en hun nakba is te lang vergeten. Alleen als de goedlachse Dalai Lama ergens op bezoek komt, worden we herinnerd aan het lijden van een volk dat nog steeds leeft onder een bezetting.

Op een enkele radicale Joodse vriend na heb ik nooit iemand het nederzettingenbeleid van verschillende Israëlische regeringen horen verdedigen. Het is een klungelige manier om de feiten op de Westoever te veranderen en land te stelen van de Palestijnse eigenaars. Als de Likoed en haar rechtse zusterpartijen echt een nieuwe werkelijkheid willen creëren, dan kunnen ze het beste leren van de Communistische Partij van China, die is in Tibet veel grootser te werk gegaan. Kloosters zijn onteigend, landeigendom 'hervormd' en de religie van de lokale bevolking is aan zware onderdrukking onderhevig. De nieuwe eigenaars van de vroegere kloosterbezittingen en het 'hervormde' land zijn meestal etnisch Han-Chinees. Massale emigratie vanuit het hart van China naar Tibet heeft de lokale bevolking naar de minst vruchtbare gronden verdreven.

Tibet was lang een onafhankelijke theocratie en de regio Xinjiang heeft onder de naam Oost-Turkestan ook periodes van onafhankelijkheid gekend. Mantsjoerijse troepen veroverden in 1759 Oost-Turkestan en maakten het een deel van hun keizerrijk. Zij hebben ook heel China veroverd en de Qing-dynasty gevestigd, de laatste keizerlijke dynastie van China. Als Chinezen beweren dat dit gedeelte van China 'altijd' Chinees is geweest, dan bedoelen ze: sinds 1759. Het heeft geen zin om al te veel over de geschiedenis te steggelen – dat is ook als het om Israël en de Palestijnen gaat een futiele bezigheid. Tussen de verovering door de Mantsjoes in 1759 en de definitieve herovering door de communisten in 1949 zijn er periodes geweest dat Oost-Turkestan onafhankelijk was of door China bezet. Het heeft altijd een eigen, unieke cultuur behouden. Maar sinds 1949, een jaar na de nakba van de Palestijnen, hebben de communisten ook hier een beleid van massale emigratie uit het hart van China door Han-Chinezen als een politiek middel ingezet om de cultuur van de lokale bevolking te veranderen. De cultuurhistoricus Elton Troci zag bijzondere overeenkomsten tussen de architectuur van de woningen voor de Han-Chinezen in Oost-Turkestan en de nieuwe Joodse wijken in Oost-Jeruzalem. Hij noemde het in 2010 'kazernewoningen' en 'vooruitgeschoven posten'.

Onderdrukking in Tibet en Xinjiang is zo hevig dat er vaak geen buitenlandse journalisten worden toegelaten. Met name in Xinjiang gebruiken de communisten de wereldwijde strijd tegen de islam als een excuus om keihard in te grijpen, de Ramadan te verbieden, religieuze kledij in de ban te doen en imams in de gaten te houden. Zonder de vervelende bijkomstigheden die de onderdrukking door Israël zo ingewikkeld maken – zoals een onafhankelijke rechtspraak, een open democratie en moreel besef – kunnen de communisten veel verder gaan dan de Israëli's. En de EU heeft voor zover ik weet geen plannen om de etiketten van producten uit deze regio's voortaan 'correct' te gaan omschrijven.

Als ik mijn Tibetaanse vrienden hoor spreken over de onderdrukking van hun volk en ik zie Palestijnen op TV spreken over hun lijden onder de Israëlische bezetting, dan is het erg moeilijk voor mij om enig verschil op te merken. Voor de EU geldt in mijn ogen op dit moment dat verschillende labels ook duidelijk dubbele standaarden betekent. Ik ben niet tegen een duidelijke etikettering van producten uit regio's waar territoriale conflicten zijn, maar als het alleen maar op Israël van toepassing is, dan lijkt het heel erg alsof er voor Joden andere regels gelden – dat is Europa onwaardig.

Mijn China, mijn Hongkong

China is een enorm land, wat betreft bevolking en grootte vergelijkbaar met de Europese Unie en wat betreft politiek ook net zo ondemocratisch. Het is een land met veel verschillende soorten mensen, met culturele verschillen tussen oost, west, noord en zuid. Het is een gecompliceerd land, een fascinerend land en een land waar ik met heel mijn hart van houd. China is een prachtig land om te wonen, maar een moeilijk land om over te schrijven vanwege de censuur, vanwege mijn onzekerheid om te communiceren in het Chinees en de onzekerheid binnen de Partij met betrekking tot haar legitimiteit. Gesprekken met gewone Chinezen, de *laobaixing*, letterlijk 'de oude honderd familienamen' zijn altijd de moeite waard, zeker als er tijdens het gesprek gegeten en gedronken wordt, maar die gesprekken zijn steeds moeilijker sinds 2012, bang als men is dat ik over een politiek gevoelig onderwerp begin – en de lijst met politiek gevoelige onderwerpen wordt ook nog eens steeds langer.

Ik houd ook van Hongkong. Het is een prachtige stad en het combineert het beste van China met het beste van het Westen. Als je door China reist als Europeaan, dan is de aankomst in Hongkong een beetje als een thuiskomst, maar als je vanuit Europa naar Hongkong reist, dan is Hongkong zo anders, een eerste kennismaking met het Oosten. Hongkong is levendig; de stad is massaal, maar veel beter georganiseerd dan de meeste Chinese steden. En als je de stad wilt ontvluchten, dan zijn de kleine strandjes op ingeslapen eilandjes zo dichtbij dat je denkt dat iemand een teleportatiemachine heeft uitgevonden en jij hem per ongeluk hebt gebruikt. Hongkong is een moeilijke stad om te wonen; huur en vaste lasten zijn hoog en de ruimte is piepklein; werk is altijd hectisch, zelfs als je een baantje hebt dat in het Westen minder druk zou zijn, zoals barrista of bijlesdocent. Het is echter een makkelijke stad om over te schrijven, want alles is redelijk moeiteloos te bereiken; mensen zijn bereid om met je te praten en iedereen heeft een mening klaar.

Toen ik net naar China was gekomen, las ik de in Hongkong gepubliceerde *South China Morning Post* in de lobby van het enige vijfsterrenhotel in Changchun, een Shangri-la-hotel. In die periode waren de Shangri-la-keten en de SCMP in de handen van hetzelfde conglomeraat, van een Chinees-Maleisische zakenman, genaamd Robert Guo Henian, in Hongkong bekend als Robert Kwok. Het was ook, naast de Chinese staatspropaganda van de *China Daily* en de *Global Times* die je overal op straat kon kopen, de enige krant in het Engels die ik kon vinden. Mijn universiteit gaf mij iedere ochtend een editie van de *China Daily* en ik had minstens één keer in de week behoefte aan een alternatief. Natuurlijk kon ik dankzij VPN genoeg kranten online lezen en een goede vriend had me een digitaal abonnement op de NRC cadeau gedaan, maar het eindeloos lezen op een steriele tablet is niet wat ik een echte krantervaring vind. Ik ben waarschijnlijk hopeloos ouderwets maar een wandeling naar een café, een koffie verkeerd en een koekje en dan lekker de krant lezen, dat is voor mij een groot genot.

Zo kwam ik dus voor het eerst in aanraking met de *South China Morning Post*, in de lobby van het Shangri-la-hotel. Meestal op woensdagmiddag en soms op zondagmiddag – als ik toch netjes gekleed was vanwege de Engelstalige mis verderop – nam ik een taxi naar het hotel en bestelde een koffie verkeerd en vroeg naar de krant. Hij was meestal een dag oud, maar oud nieuws leest juist lekker – wat ik al wist, mocht ik van mezelf overslaan. Op zondag kon ik twee edities lezen, die van vrijdag en zaterdag hadden ze allebei nog liggen en dus nam ik vaak een tweede kopje koffie en soms zelfs een sigaar. In de iets te oude, iets te zachte stoelen en met het decor van de lobby net iets te ouderwetser en pronkerig, kon ik me korte tijd in een geheel andere wereld wanen. In die jaren had de stad nog geen Starbucks en was goede koffie ook niet eenvoudig te vinden, laat staan een redelijke sigaar. Een van de meisjes achter de balie herkende me na een paar weken en kwam me de krant persoonlijk brengen, bovenop de brede, teakhouten sigarendoos, voor het geval ik al een keuze wilde maken. Ik heb een keer een boek meegenomen naar het hotel en het was niet hetzelfde. Dit was mijn locatie om de enige degelijke krant te lezen en dat was het. Niet meer en niet minder. Ik ben erg trouw als ik eenmaal ergens een goede ervaring heb gehad en hoewel zowel krant als hotel achteruit zijn gegaan, ga ik nog steeds regelmatig naar het Shangri-la-hotel voor een krantje en een koffie. Soms zelfs een sigaar.

De meerderheid van het nieuws over de manier waarop de Volksrepubliek haar eerdere beloftes aan Hongkong om in 2017 volledig vrije en democratische verkiezingen toe te laten niet nakwam, kreeg ik uit de SCMP. Maar veel schrijvers die kritisch waren over de voorstellen van Beijing vertrokken gedurende die tijd bij de krant: Philip Bowring, Steve Vines, Kevin Rafferty and Frank Ching. De cartoons werden steeds tammer. En met de aanloop naar de Occupy Hong

Kong with Peace and Love werd de SCMP voor me te pro-Beijing. Eind 2015 werd bekend dat Robert Kwok de krant zou verkopen aan Jack Ma, de internetondernemer die met Alibaba een fortuin op zak heeft en makkelijk een krantje kan kopen. In dezelfde maand dat zijn aankoop van de SCMP definitief werd, was Ma ook zeer positief over het internetbeleid van president Xi Jinping: 'Ieder land moet zijn eigen soevereiniteit hebben, ook over het internet.' Ma sprak op de Wereld Internet Conferentie, maar die naam is erg misleidend als je premier Medvedev van Rusland en leiders van een paar Stanlanden mag ontvangen: Pakistan, Turkmenistan, Kazachstan en Kyrgyzstan. Internetsoevereiniteit is een van de slogans die Xi gebruikt om censuur van het internet te verdedigen en met dit soort kampioenen van onderdrukking in zijn kamp is het duidelijk wat voor internet hij in de toekomst ziet. Dat Ma deze visie schijnbaar ondersteunt, belooft niet veel goeds voor de SCMP.

Ellie Hwang is geboren en getogen in Hongkong. Haar ouders zijn allebei vanuit de kuststad Fuzhou naar Hongkong gekomen in de vroege jaren '80 om in een speelgoedfabriek te werken. Haar moeder had geen probleem met de Engelse koloniale overheersing of met de komende overheersing door de Partij, maar overleed voordat de vlag van de Volksrepubliek in Hongkong gehesen kon worden. Haar vader daarentegen, was in Fuzhou betrokken geweest bij een studentenbeweging en ging in 1989 terug om te protesteren tegen de Partij. Op 4 juni, toen de tanks Tiananmen binnenrolden en de soldaten het vuur openden, zat hij in een trein van Chengdu naar Beijing. Het nieuws over het bloedbad bereikte hem in de trein via een passagier die later in was gestapt en met zijn medeactivisten stapte hij op een tussengelegen station uit om terug te keren naar Hongkong. Dat was voorwaar niet eenvoudig maar hij heeft Ellie nooit de details van zijn terugreis verteld, alleen 'dat hij moe en moedeloos was toen hij terug was in Hongkong – en erg bang dat ze nog maar acht jaar vrijheid over hadden.'

Ellie is een van de vele Hongkongers die in oktober 2014 de straat opging om te demonstreren tegen het voornemen van Beijing om hun belofte voor vrije en democratische verkiezingen in 2017 in Hongkong te breken. Niet dat ze een grote fan is van democratie, maar net als Churchill gelooft ze dat ieder alternatief slechter is. 'Ik was zelf nooit politiek actief maar mijn vader geloofde dat ik de plicht had om mijn geluid te laten horen. Hij is iedere dag bang dat de socialisten de deuren van de kazerne opengooien en dat hier hetzelfde gebeurt als in Tiananmen 89.' Het Volksbevrijdingsleger heeft sinds 1997 een kazerne in Hongkong.

‘Ik geloof niet dat democratie alle problemen die Hongkong heeft meteen oplost, maar het systeem wat we nu hebben deugt niet en wat de Volksrepubliek ons door de strot wil duwen, deugt ook niet. Occupy was voor mij een manier om mijn vaders geschiedenis te eren en de toekomst van mijn stad te vieren.’

Wang Jianme komt uit Siping, in het noordoosten van China, en studeert in Hongkong. Ze zat tijdens de Occupy-protesten in de bibliotheek met andere vasteland-Chinezen. Ze kon niets over de protesten delen met familie en vrienden in Siping, bang dat ze problemen zou krijgen bij terugkeer naar het vasteland. Met haar vrienden kon ze alleen maar kijken en afwachten. ‘Veel Hongkongers haatten de Volksrepubliek, maar ik denk dat het jaloezie is. Hongkong was ooit rijk en wij waren arm. Nu zijn we bijna net zo rijk als zij en hebben we Hongkong niet meer zo erg nodig.’ Haar ouders werken allebei voor staatsbedrijven en hebben haar gewaarschuwd niet de straat op te gaan tijdens de protesten. ‘Als er een foto is waar ik op sta met een Occupy-paraplu of een Occupy-spandoek, dan is dat heel slecht voor mijn toekomst.’ Ze voelt zich helemaal niet verbonden met de stad waar ze studeert. ‘Ik ben Chinees en Hongkong is Chinees, maar ik voel me niet meer of minder verbonden met Hongkong dan met Shanghai of Shenzhen.’

Gevoelsmatig liggen de twee jonge vrouwen ver uit elkaar. Ellie voelt zichzelf niet Chinees en Hongkong is voor haar geen Chinese stad als Shanghai of Shenzhen. 'Een groot gedeelte van de jonge mensen in Hongkong voelt zich alleen maar Hongkonger en een enorme groep is eerst Hongkonger en daarna pas Chinees. Het percentage Hongkongers dat zich Chinees voelt, is lager dan ooit in Hongkongs geschiedenis.

Een paar maanden na de Occupy-protesten werd het voorstel voor nepdemocratie uit Beijing verworpen in een rommelige vergadering van de LegCo, de anders meestal tandeloze Legislative Council van Hongkong. Maar in de ogen van vasteland-Chinezen had Hongkong afgedaan. Veel berichten op het Chinese internet spraken met afkeur over de ondankbaarheid en arrogantie van de Hongkongers. Vanwege de censuur was er geen ruimte voor een uitleg over de voorstellen van Beijing, maar zelfs als die er wel was: mijn ervaringen met de sociale media in het Westen wijzen erop dat mensen niet erg openstaan voor een ander geluid of een nieuw perspectief. In Hongkong zelf voelt het bovendien alsof men terug bij af is, want de huidige ondemocratische wijze waarop de regering van Hongkong wordt aangewezen door notabelen van het eiland blijft gewoon bestaan en vanwege de samenstelling van deze groep notabelen zal een volgende regering van Hongkong net zo pro-Beijing zijn als de regering die door Beijing aan het volk zou zijn opgedrongen na 2017.

'Het is waar dat er politiek weinig is veranderd sinds Occupy,' zegt Tom Grundy, hoofdredacteur van *Hong Kong Free Press*. 'Maar in de samenleving heeft er een revolutie plaatsgevonden die niet meer terug te draaien is.' Grundy was ook een SCMP-lezer en net als ik niet blij met de reeks ontslagen van kritische journalisten. 'De *South China Morning Post* is de enige Engelstalige krant in Hongkong en als er in die krant geen ruimte voor kritiek op Beijing is, dan bestaat de persvrijheid in Hongkong alleen op papier. De sfeer in de Volksrepubliek is veel grimmiger dan tijdens de machtsoverdracht in 1997, toen Groot-Brittannië Hongkong aan China teruggaf. Ik denk dat toen veel Hongkongers dachten dat China meer zou gaan lijken op Hongkong. Nu weten we dat China het omgekeerde wil.'

Hong Kong Free Press is een alternatief voor de *South China Morning Post* en hoewel niet de enige Engelstalige nieuwssite in Hongkong, een modern online geluid. Vanwege mijn eigen liefde voor de vrije pers, voor het geschreven woord en voor Hongkong, heb ik sinds begin 2015 meegewerkt aan de site. Vaak plaatsen we nieuws dat kritisch staat tegenover de Partij en het beleid dat vanuit Beijing wordt afgekondigd. Dit heeft tot vervelende confrontaties geleid in mijn werk in de Volksrepubliek. Hoewel mijn decaan het eens is met de uitgangspunten van HKFP, vroeg hij mij om eigen werk onder pseudoniem te schrijven, zodat hij niet door Partijfunctionarissen zou worden aangesproken op die recalcitrante docent in zijn team. Twee studenten die wellicht in mijn biografie het werk voor HKFP hadden gezien, hebben een lezing onderbroken met de slogan 'Hongkong is China, Taiwan is China!' Ik was uitgenodigd om te spreken over nieuwe interpretaties van het 'Een Land, Twee Systemen' dat de relatie tussen Hongkong en de rest van China sinds 1997 heeft gekenmerkt. Het seminar, op het terrein van de Universiteit van Chongqing, was mede mogelijk gemaakt door de *China Daily*, en het overkoepelende thema was 'Een Nieuwe Balans voor China, in de Economie en in de Wereld'. Ik heb niets tegen studenten die het niet met mij eens zijn en zelfs als men iets roept vanuit de zaal vind ik dat prima, maar dat deze twee duidelijk van plan waren mij het zwijgen op te leggen, laat zien hoever China nog heeft te gaan in het vinden van een nieuwe balans. Ik heb mijn publiek later gerustgesteld met de mededeling dat wat mij betreft Hongkong, Taiwan en de Volksrepubliek allemaal China zijn, maar dat het niet aan mij is om 'China' te definiëren. De lezing was toen echter al afgelast wegens de twee studenten.

Terug in mijn hotel in Chongqing werd er op mijn deur geklopt. Een Canadees, Bruce, die op het seminar iets mocht vertellen over de nieuwe balans in de economie, van export naar interne diensten, kwam mij opvrolijken. Hij vertelde me dat hij iets had gehoord over mijn lezing en vroeg zich af of ik misschien behoefte had aan een drankje. Bruce en ik zaten even later achter het raam op de twaalfde verdieping van het hotel in een lounge naar beneden te staren.

'Hiervandaan gezien is het allemaal niet meer zo belangrijk,' zei Bruce.

'Wat niet?'

'Hongkong, China, politiek, economie. Kijk maar, het beweegt allemaal en zal allemaal blijven bewegen. Wolkenkrabbers rijzen op en worden gesloopt. Bedrijven worden gestart en gaan failliet. Kinderen worden geboren en ouderen gaan dood.' Hij nam een slok.

'Tsja,' zei ik, want wat kan je daar eigenlijk op zeggen. Het leek een beetje op het relativisme van mijn Nieuw-Zeelandse vriend Duncan, die de Chinese censuur niet zo erg vindt 'omdat er ook 'spin' is in de westerse media'. Ik vind het niet zo gemakkelijk om de dictatuur te accepteren als 'het is nu eenmaal zo'.

Tot 25 november kon ik helemaal niet zo goed meegaan met dat simpele gevoel van Bruce en het relativisme van Duncan, dat alles er uiteindelijk niet toe doet in het grotere geheel, of dat er overal wel iets mis is. Het leek me een manier om te zeggen dat je de strijd toch nooit kon winnen en die zelfs niet eens de moeite waard was. Maar op die dag werd mijn zoon geboren; mijn eigen Chinese droom kwam uit. Niets was meer hetzelfde en ik heb nu regelmatig een moment waarop ik de SCMP dicht sla en denk: van hiervandaan is het allemaal niet meer zo belangrijk, want thuis ligt die kleine op me te wachten. Een nieuwe prioriteit, de hoogste prioriteit, mijn zoon. Vrijheid van meningsuiting, persvrijheid, dat zijn allemaal van die grote dingen die er soms niet toe doen als je de mooiste jongen ter wereld in je armen mag houden.

En toch, bij het samenstellen van de Nederlandstalige bundel van mijn Engelstalige werk, denk ik aan allebei. De bundel is opgedragen aan mijn zoon. Maar de opbrengst gaat naar *Hongkong Free Press*.

Inhoud

HKFP
HONG KONG FREE PRESS

De auteur stelt de royalty's van deze bundel in zijn geheel beschikbaar voor Hong Kong Free Press.